Timm Vollmer

Der Einstieg in die Cloud

Ein Blick auf die Technik
und die juristischen Grundlagen
des Cloud Computings

disserta
Verlag

Vollmer, Timm: Der Einstieg in die Cloud: Ein Blick auf die Technik und die juristischen Grundlagen des Cloud Computings, Hamburg, disserta Verlag, 2013

Buch-ISBN: 978-3-95425-226-8
PDF-eBook-ISBN: 978-3-95425-227-5
Druck/Herstellung: disserta Verlag, Hamburg, 2013
Covermotiv: © Uladzimir Bakunovich – Fotolia.com

Bibliografische Information der Deutschen Nationalbibliothek:
Die Deutsche Nationalbibliothek verzeichnet diese Publikation in der Deutschen Nationalbibliografie; detaillierte bibliografische Daten sind im Internet über http://dnb.d-nb.de abrufbar.

Das Werk einschließlich aller seiner Teile ist urheberrechtlich geschützt. Jede Verwertung außerhalb der Grenzen des Urheberrechtsgesetzes ist ohne Zustimmung des Verlages unzulässig und strafbar. Dies gilt insbesondere für Vervielfältigungen, Übersetzungen, Mikroverfilmungen und die Einspeicherung und Bearbeitung in elektronischen Systemen.

Die Wiedergabe von Gebrauchsnamen, Handelsnamen, Warenbezeichnungen usw. in diesem Werk berechtigt auch ohne besondere Kennzeichnung nicht zu der Annahme, dass solche Namen im Sinne der Warenzeichen- und Markenschutz-Gesetzgebung als frei zu betrachten wären und daher von jedermann benutzt werden dürften.

Die Informationen in diesem Werk wurden mit Sorgfalt erarbeitet. Dennoch können Fehler nicht vollständig ausgeschlossen werden und die Diplomica Verlag GmbH, die Autoren oder Übersetzer übernehmen keine juristische Verantwortung oder irgendeine Haftung für evtl. verbliebene fehlerhafte Angaben und deren Folgen.

Alle Rechte vorbehalten

© disserta Verlag, Imprint der Diplomica Verlag GmbH
Hermannstal 119k, 22119 Hamburg
http://www.disserta-verlag.de, Hamburg 2013
Printed in Germany

Inhalt

I.	ABBILDUNGSVERZEICHNIS	VIII
II.	TABELLENVERZEICHNIS	X
III.	ABKÜRZUNGSVERZEICHNIS	XI

1. **EINLEITUNG** **15**
    1.1 Motivation 16
    1.2 Zielsetzung 17
    1.3 Aufbau des Buches 18
    1.4 Einordnung des Themas in das Fachgebiet der Wirtschaftsinformatik 19

2. **GRUNDLAGEN DES CLOUD COMPUTINGS** **20**
    2.1 Definition 20
    2.2 Vor- und Nachteile 21
    2.3 Architekturen 23
        2.3.1   *Public Cloud* *24*
        2.3.2   *Private Cloud* *25*
        2.3.3   *Hybrid Cloud* *26*
        2.3.4   *Zusammenfassung der Cloud-Architekturen* *27*
    2.4 Cloud Servicemodelle 28
        2.4.1   *Infrastructure as a Service* *29*
        2.4.2   *Platform as a Service* *30*
        2.4.3   *Software as a Service* *31*
        2.4.4   *Zusammenfassung der Cloud Servicemodelle* *32*
    2.5   Jericho Cube-Modell 35
    2.6   Der Cloud Controller am Beispiel von Eucalyptus 37

3. **SICHERHEITSTECHNIKEN** **40**
    3.1 Virtualisierung 40
        3.1.1   *Einsatzgebiet* *42*
        3.1.2   *Funktionsweise* *42*
        3.1.3   *Datenschutz* *46*
        3.1.4   *Technische Sicherheit* *48*
        3.1.5   *Stärken und Schwächen* *48*
    3.2 Schutz des Rechenzentrums 49
        3.2.1   *Verantwortung und deren Grundlagen* *50*
        3.2.2   *Datenschutz* *52*
        3.2.3   *Technische Sicherheit* *55*
        3.2.4   *Zusammenfassung* *58*
    3.3 Schutz der Cloud-Instanz 59

3.3.1	Einsatzgebiet	59
3.3.2	Verantwortung und deren Grundlagen	59
3.3.3	Datenschutz	60
3.3.4	Technische Sicherheit	61
3.3.5	Zusammenfassung	63
3.4	VERSCHLÜSSELUNGSSYSTEME	65
3.4.1	Funktionsweise	65
3.4.1.1	Symmetrische Verschlüsselung	66
3.4.1.2	Asymmetrische Verschlüsselung	67
3.4.1.3	Hybride Verschlüsselung	69
3.4.1.4	Zertifikate am Beispiel einer hierarchischen Public-Key-Infrastruktur (PKI)	70
3.4.2	Einsatzgebiet	74
3.4.2.1	Übertragungsverschlüsselung	75
3.4.2.2	Dateiverschlüsselung	78
3.4.3	Schlüsselmanagement	79
3.4.4	Zusammenfassung	80

4. ÜBERWACHUNG 81

4.1	MONITORING	81
4.1.1	Einsatzgebiet	82
4.1.2	Funktionsweise am Beispiel eines Netzwerkmanagementprotokolls	83
4.1.3	Sicherheit	85
4.1.4	Verantwortlichkeiten	86
4.2	AUDITING	87
4.2.1	Einsatzgebiet	87
4.2.2	Funktionsweise am Beispiel eines Netzwerkmanagementprotokolls	88
4.2.3	Sicherheit	90
4.2.4	Verantwortlichkeiten	90
4.3	ZUSAMMENFASSUNG	91

5. JURISTISCHE GRUNDLAGEN 93

5.1	UNTERNEHMENSFORMGEBUNDENE GESETZE	93
5.2	DAS BUNDESDATENSCHUTZGESETZ	94
5.3	GRUNDLAGEN INNERHALB DER EU	100
5.4	DATENVERARBEITUNG AUßERHALB DER EU	101
5.5	VERTRAGSGESTALTUNG	103
5.5.1	Checklisten	106
5.5.2	Service Level Agreements	107
5.6	CLOUD COMPLIANCE	108
5.7	ZUSAMMENFASSUNG	110

6.	FAZIT	112
7.	AUSBLICK	114
8.	LITERATURVERZEICHNIS	115
9.	ANLAGENVERZEICHNIS	9-CXXIII
10.	ANLAGE A VERSCHLÜSSELUNGSALGORITHMEN	10-CXXIV
11.	ANLAGE B SECURITY AS A SERVICE	11-CXXVIII
12.	ANLAGE C RISIKOSITUATIONEN	12-CXXXI
13.	ANLAGE D ENTWURF ZUR EU-DATENSCHUTZVERORDNUNG	13-CXXXIV

I. Abbildungsverzeichnis

Abbildung 1 IEEE 2301 Profile 23

Abbildung 2 Zusammenfassung der Cloud-Architekturen 28

Abbildung 3 Cloud Reference-Modell 33

Abbildung 4 Cloud Servicemodelle organisatorisch dargestellt 34

Abbildung 5 Jericho Cube-Modell 35

Abbildung 6 Eucalyptus Infrastruktur 38

Abbildung 7 Cloud Controller 39

Abbildung 8 Vergleich klassische vs. virtuelle Infrastruktur 41

Abbildung 9 Vollständige Virtualisierung 43

Abbildung 10 Architektur der Paravirtualisierung 44

Abbildung 11 Betriebssystemvirtualisierung 45

Abbildung 12 Zugriff auf Cloud-Instanz 47

Abbildung 13 Serversicherheit 53

Abbildung 14 Datensicherheit 54

Abbildung 15 Klimatisierung eines Rechenzentrums 56

Abbildung 16 Rechenzentrumssicherheit 57

Abbildung 17 Amazon Zonen 62

Abbildung 18 Überblick über Schutzmaßnahmen 64

Abbildung 19 Symmetrische Verschlüsselung 67

Abbildung 20 Asymmetrische Verschlüsselung 68

Abbildung 21 Authentifizierung mit asymmetrischer Verschlüsselung 69

Abbildung 22 Hybride Verschlüsselung 70

Abbildung 23 Zertifikatsausstellung 72

Abbildung 24 Amazon Web Service Zertifikat 73

Abbildung 25 Hierarchische PKI-Struktur 74

Abbildung 26 SSL-Handshake 76

Abbildung 27 Sichere Kommunikation über TLS 77

Abbildung 28 Fehler in der Kommunikation über TLS 78

Abbildung 29 Amazon CloudWatch 83

Abbildung 30 Bestandteile einer SNMP Struktur 84

Abbildung 31 Einsatz von Auditing-Maßnahmen 89

Abbildung 32 Zusammenfassung Überwachung 92

Abbildung 33 Einordnung der einzelnen Positionen gem. BDSG 96

Abbildung 34 Auszug aus dem Amazon Web Service Customer Agreement 104

Abbildung 35 Auszug aus den Salesforce Geschäftsbedingungen 105

Abbildung 36 SLA Auswahl Fujitsu Siemens 108

Abbildung 37 Herausforderungen an das Cloud Compliance 110

Abbildung 38 Ergänzung der BSI Sicherheitsempfehlungen 113

Abbildung 39 EU-Überblick 114

Abbildung 40 Collective Intelligence 11-CXXIX

Abbildung 41 Einordnung der Risikosituationen 12-CXXXIII

II. Tabellenverzeichnis

Tabelle 1 Vergleich Zertifikat mit dem Personalausweis 71

Tabelle 2 Verschlüsselungsalgorithmen 10-CXXIV

Tabelle 3 Mögliche Risikosituationen 12-CXXXI

III. Abkürzungsverzeichnis

Abkürzung	Bedeutung
AD	Active Directory
AES	Advanced Encryption Standard
AG	Aktiengesellschaft
AGDLP	Accounts, Global, Domain, Local, Permissions
AktG	Aktiengesetz
AO	Abgabenordnung
API	Application Programming Interface
BCR	Binding Corporate Rules
BDSG	Bundesdatenschutzgesetz
BITKOM	Bundesverband für Informationswissenschaft, Telekommunikation und neue Medien e.V.
BSI	Bundesamt für Sicherheit in der Informationstechnik
CA	Certification Authority
CC	Cluster Controller
CLC	Cloud Controller
CRM	Customer-Relationship-Management
CSP	Cloud Service Provider
DDoS	Distributed Denial of Service
DES	Data Encryption Standard
DHCP	Dynamic Host Configuration Protocol
DNS	Domain Name System
EaaS	Everything as a Service
EFF	Electronic Frontier Foundation
EMP	Elektromagnetischer Impuls
ERP	Enterprise Ressource Planning

EU	Europäische Union
FTC	Federal Trade Commision
GDD	Gesellschaft für Datenschutz und Datensicherheit
GDPdU	Grundsätzen zum Datenzugriff und zur Prüfbarkeit digitaler Unterlagen
GHz	Gigahertz
GmbH	Gesellschaft mit beschränkter Haftung
GmbHG	Gesellschaft mit beschränkter Haftung Gesetz
HGB	Handelsgesetzbuch
HTTPS	Hypertext Transfer Protocol Secure
IaaS	Infrastructure as a Service
IDS	Intrusion Detection System
IEEE	Institute of Electrical and Electronics Engineers
IPaaS	Integration Platform as a Service
IPS	Intrusion Prevention System
IT	Informationstechnik
KonTraG	Gesetz zur Kontrolle und Transparenz
KPI	Key Performance Indicator
LDAP	Lightweight Directory Access Protocol
MIB	Management Information Base
NASA	National Aeronautics and Space Administration
NC	Node Controller
NIST	National Institute of Standards and Technology
NMS	Network Management System
PaaS	Platform as a Service
PKI	Public-Key-Infrastructure
RA	Registration Authority
RBAC	Role Based Access Control

RSA	Rivest, Shamir und Adlemann
S3	Amazons Simple Storage Service
SaaS	Software as a Service
SC	Storage Controller
SecaaS	Security as a Service
SLA	Service Level Agreement
SNMP	Simple Network Management Protocol
SSH	Secure Shell
SSL	Secure Socket Layer
TAP	Test Access Port
TLS	Transport Layer Security
USV	Unterbrechungsfreie Stromversorgung
VLAN	Virtual Local Area Network
VM	Virtual Machine
VMM	Virtual Machine Monitor
VPN	Virtual Private Network

1. Einleitung

Es gibt derzeit nur wenige Themen in der Informationstechnik (IT), denen höhere Aufmerksamkeit gewidmet wird, als dem Thema Cloud Computing.

Nicht nur die CeBIT 2011 hatte als Leitthema das Cloud Computing vorgegeben, sondern auch der IT-Gipfel der Bundesregierung am 06.12.2011 in München hatte als eines seiner Schwerpunktthemen das Cloud Computing in seinem Programm.

Da sowohl die CeBIT als auch der IT-Gipfel der Bundesregierung Cloud Computing zum Schwerpunktthema haben, zeigt dessen Aktualität. Es zeigt aber auch, dass noch viel Bedarf in der Aufklärung und der Nutzung von Cloud Computing nötig ist, weil vor allem die Sicherheit und die Gesetzeslage für viele nicht klar ist bzw. die Ansprüche sehr verschieden sind.

Cloud Computing wirft noch viele Fragen auf wie z.B. die nach der technischen Sicherheit des Cloud Computings, die Unternehmen sehr zurückhaltend gegenüber der Cloud auftreten lässt. Nicht zuletzt haben Artikel wie [1] dazu geführt, dass dem Cloud Computing viel Skepsis entgegengebracht wird.

Viele Unternehmen nehmen von der Nutzung der Cloud-Computing-Technologie auch Abstand, da diese auf den ersten Blick eine große Herausforderung im Bereich der Rechtsgrundlagen bietet. Auch die zum Teil vorhandene Intransparenz der Anbieter mit ihren Strukturen macht es Unternehmen schwer, sich für das Cloud Computing zu entscheiden, da sie Transparenz für eine gesetzeskonforme Datenverarbeitung benötigen. Die Transparenz bezieht sich auf die technischen Strukturen der Cloud-Anbieter im Hintergrund, die nicht immer für den Kunden ersichtlich sind.

Aufgrund der erhöhten Aufmerksamkeit durch die Bundesregierung und der Branchenverbände sowie der vielen Fragen bezüglich des Thema Cloud Computing, befasst sich dieses Buch mit dem Datenschutz, der technischen Sicherheit und den juristischen Grundlagen zur Nutzung von Cloud Computing.

Für einen ersten Einblick und eine sichere Nutzung des Cloud Computings, haben sich sowohl staatliche Behörden, wie das Bundesamt für Sicherheit in der Informationstechnik (BSI), als auch der Branchenverband Bundesverband für Informationswissenschaft, Telekommunikation und neue Medien e.V. (BITKOM) mit der Verfassung von Leitfäden auseinandergesetzt und diese veröffentlicht. Mithilfe dieser Leitfäden sind erste Schritte in dem Bereich des Cloud Computings möglich und erlauben einen ersten Einblick in das Themengebiet.

Auch das Interesse seitens der Bundesregierung zeigt, dass das Thema Cloud Computing zurzeit einen hohen Stellenwert in der Öffentlichkeit hat.

---

[1] Vgl.: [JRR11]

Ein weiteres Schwerpunktthema im Zusammenhang mit dem Cloud Computing sind die juristischen Grundlagen zur Nutzung dieser Technik. Der Schwerpunkt bei den juristischen Grundlagen liegt in der Verarbeitung von personenbezogenen Daten. Hier gilt es, die juristischen Grundlagen bei der länderübergreifenden Datenverarbeitung zu beachten. Die nationale Verarbeitung von personenbezogenen Daten wird im Bundesdatenschutzgesetz (BDSG) geregelt.

Die Verlagerung der Daten auf die internationale Ebene aus juristischer Sicht sowie die Sicherung und die Überwachung der Daten innerhalb des Cloud Computings sind die wesentlichen Bestandteile dieses Buches. In den einzelnen Bereichen werden Problemstellungen erläutert und verschiedene Lösungswege aufgezeigt.

1.1 Motivation

Wie bereits [2] festgestellt hat, ist die Cloud-Computing-Technologie nicht neu, aber sie hat starke Konsequenzen für Geschäftsmodelle der IT-Anwendungen und Anbieter. Diese Konsequenzen umfassen sowohl die unternehmenseigenen Prozesse sowie die IT-Infrastruktur eines Unternehmens. Im Hinblick auf solche Konsequenzen wie z.B. die Auslagerung der Serverhardware und deren Administration wird umso genauer von den Entscheidern im Unternehmen geprüft, ob sich die Einführung von Cloud Computing in das Unternehmen durchführen lässt und mit welchem Aufwand das verbunden ist.

Cloud Computing hat eine gewisse Verwandtschaft mit dem klassischen Outsourcing. Unterschieden wird vor allem der Bereich der Anwendbarkeit der einzelnen Begriffe. Outsourcing bezieht sich nicht nur auf die IT-Landschaft, sondern kann in jedem Unternehmensprozess, wie z.B. der Lohnbuchhaltung, Anwendung finden. Das Cloud Computing umfasst lediglich Dienste und Services wie z.B. die Administration der Serverhardware aus dem IT-Bereich. Bedingt durch diese Verwandtschaft streiten derzeit noch viele Experten über die genaue Differenzierung zwischen Cloud Computing und Outsourcing.

Die Einführung von Cloud Computing im eigenen Unternehmen wird von den einzelnen Entscheidern im Unternehmen kritisch hinterfragt, was zu einer hohen Skepsis gegenüber dem Cloud Computing führt. Die Basis der meisten kritischen Fragen beruhen auf den in [3] beschriebenen Barrieren. Diese Barrieren gilt es, für Unternehmen zu analysieren, auszuwerten und die eigenen Schlüsse auf Basis einer Risikobewertung zu ermitteln, um Cloud Computing erfolgreich und sicher nutzen zu können. Im Hinblick auf die genannten Barrieren befasst sich dieses Buch mit den Schwerpunkten technische Sicherheit sowie Datenschutz.

Des Weiteren beschäftigt sich dieses Buch mit den juristischen Grundlagen der Auftragsdatenverarbeitung in Bezug auf die Verarbeitung von personenbezogenen Daten. Die einzelnen

---

[2] Vgl.: [Bit09] S.7
[3] Vgl.: [Mat09] S 30

branchenspezifischen Gesetze werden nicht weiter betrachtet, da diese speziell für jede Branche umzusetzen sind.

Wenn ein Unternehmen, unabhängig von seiner Unternehmensgröße, sich dazu entscheidet, Rechenleistung, Software oder Dienste in die Cloud auszulagern oder einzukaufen, wird dieses mit vielen Fragen konfrontiert. Diese Fragen waren die entscheidende Motivation zur Erstellung des Buches und werden nachstehend aufgelistet.

Die häufigsten Fragen zum Thema Cloud Computing aus Sicht eines Unternehmens lauten:
- Sind meine Daten sicher?
- Wie kann ich meine Daten vor fremdem Zugriff schützen?
- Wie funktioniert Cloud Computing?
- Was muss ich beachten, wenn ich personenbezogene Daten in die Cloud auslagere?
- Wie hoch ist die Verfügbarkeit der Services?
- Wer garantiert mir die Sicherheit und Verfügbarkeit?
- Was muss ich beachten, wenn meine Daten in den USA liegen?
- Welche Inhalte sind bei der Vertragsgestaltung zu beachten?
- Wer ist für meine Daten verantwortlich?
- Wer überwacht meine Daten und wie?
- Wie kommen meine Daten Sicher zum Rechenzentrum und zurück?
- Welche Kontrollmöglichkeit habe ich?

Die Basis der Fragen bezieht sich auf Umfragen zur Nutzung von Cloud Computing, die unter mittelständischen Betrieben durchgeführt wurden und unter [4] nach zu lesen sind.

1.2 Zielsetzung

Das Buch hat das Ziel, die verschiedenen Sicherheitstechniken in Bezug auf die technische Sicherheit und den Datenschutz darzustellen und zu durchleuchten. Des Weiteren sollen im Zusammenhang mit den Sicherheitstechniken deren Stärken und Schwächen aufgezeigt werden und ihr Einsatzgebiet vorgestellt werden.

Das Buch befasst sich im Bereich der juristischen Grundlagen mit dem aktuellen Stand (14. Oktober 2011) der Gesetze sowie der Umsetzung in den verschiedenen Vertragsformen wie z.B. dem Service Level Agreement (SLA) oder einer Cloud-Compliance-Lösung.

Im Einzelnen wird wie folgt auf die Schwerpunktthemen eingegangen. Die technische Sicherheit wird sowohl auf seiten des Rechenzentrums, als auch auf der Softwareseite durchleuchtet. Die Softwareseite bezieht sich auf die Aufgaben des Cloud-Kunden und die des Cloud Service Providers (CSP). Hierbei wird auf der Softwareseite die Basis des Cloud Computings,

---

[4] Vgl.: [B4B11]

die Virtualisierungstechnik und auf die Kommunikation zwischen dem CSP und dem Kunden eingegangen.

Der Datenschutz obliegt sowohl der technischen Sicherheit als auch der Überwachung des Cloud Computings. Innerhalb des Buches werden die einzelnen Überwachungsmöglichkeiten dargestellt und ein möglicher Einsatz dieser Systeme wird erläutert.

Der Schwerpunkt in den juristischen Grundlagen sind die personenbezogenen Daten, welche zurzeit eine erhöhte Beachtung finden. Des Weiteren sind die gesetzlichen Anforderungen zur Verarbeitung von personenbezogenen Daten hoch und diese werden häufig im Cloud Computing verarbeitet. Im weiteren Verlauf der juristischen Grundlagen werden verschiedene unternehmensformgebundene Gesetze dargestellt, die einen Bezug zum Cloud Computing haben.

Die Betrachtung von branchenspezifischen Gesetzen wird nicht weiter erläutert, da dieses zu speziell ist und somit keine Relevanz hat.

Zusammenfassend soll das Buch einen Überblick über die aktuellen Sicherheitstechniken mit ihren Fähigkeiten geben, sowie die juristischen Grundlagen, mit dem Scherpunkt der Auftragsdatenverarbeitung, darstellen. Des Weiteren werden auch die Fragen, welche in Kapitel 1.1 gestellt wurden, beantwortet.

1.3 Aufbau des Buches

Das Buch ist in sieben Kapitel aufgeteilt. Zu Beginn werden die Zielsetzung, die Motivation und der Aufbau des Buches dargestellt.

Im anschließenden Kapitel werden die Grundlagen des Cloud Computings gelegt. Diese umfassen sowohl die Definition, Architekturen, Servicemodelle als auch ein Alternativmodell zur Nutzung des Cloud Computings.

Im darauf folgenden Kapitel werden die wichtigsten Sicherheitstechniken untersucht. Diese umfassen sowohl die Basis des Cloud Computings, die Virtualisierung als auch den Schutz des Rechenzentrums und der Cloud-Instanz selbst. Des Weiteren werden Verschlüsselungstechniken erläutert, welche für eine sichere Kommunikation zur Cloud sowie einer sicheren Speicherung der Daten in der Cloud nötig sind.

Kapitel 4 stellt die Möglichkeiten der Überwachung vor und erläutert deren Funktion. Die Überwachung hat einen hohen Stellenwert und ist für den Cloud-Kunden sowie den Betreiber ein wichtiges Werkzeug und wird deshalb in einem eigenen Kapitel behandelt.

Abschließend wird auf die juristischen Grundlagen eingegangen, wobei der Schwerpunkt in der Verarbeitung von personenbezogenen Daten und der Vertragsgestaltung liegt. Der Abschluss des Kapitels wird durch die Erläuterung und den Einsatz von Cloud Compliance untersucht, da dieses das Gesamtwerk der juristischen Grundlagen darstellen kann.

Die letzten beiden Kapitel befassen sich mit dem Fazit und einem Ausblick zum Thema Cloud Computing. Dort werden nochmal die Problemstellungen mit möglichen Lösungen und die Meinung des Autors dargestellt.

Im Anhang befindet sich die tabellarische Übersicht von Verschlüsselungsalgorithmen sowie die Erläuterung einer Security as a Service (SecaaS)-Anwendung, eine Darstellung von verschiedenen Risikosituationen in Bezug auf das Cloud Computing und eine Erläuterung der wichtigsten Punkte des vorab im Internet veröffentlichten Entwurfes zur neuen EU-Datenschutzverordnung.

1.4 Einordnung des Themas in das Fachgebiet der Wirtschaftsinformatik

Das Thema des Buches findet in verschiedenen Bereichen der Wirtschaftsinformatik seine Beachtung.

Zum Einen umfasst die technische Sicherheit die Anwendung der aktuellen Sicherheitsmechanismen in Verbindung mit Überwachungsmöglichkeiten. Zum Anderen wird durch die stetig steigende Rate der Internetkriminalität[5] der Einsatz von Verschlüsselungssystemen in der Kommunikation und der Dateiverschlüsselung unabdingbar. Der Einsatz der Virtualisierungstechnik findet nicht nur im Cloud Computing steigendes Interesse, sondern wird vermehrt im Bereich der klassischen IT eingesetzt. Das resultiert daher, dass die Vorteile, die in Kapitel 3.1 erläutert werden, im Vergleich zur klassischen IT überwiegen und somit diese Technik sich beständig verbreitet.

Der Bereich des Datenschutzes hat einen großen Stellenwert bei der Nutzung des Cloud Computings. Durch die Verarbeitung von personenbezogenen Daten, werden den Unternehmen hohe Datenschutzvorschriften, in Deutschland durch das Bundesdatenschutzgesetz (BDSG), auferlegt, die es mit Mitteln der Informatik einzuhalten gilt.

Die juristischen Grundlagen umfassen verschiedene Bereiche des Cloud Computings und stärken damit das Interesse am Fachgebiet des Informatikrechts. Durch die Verwendung von verschiedenen Services innerhalb des Cloud Computings mit den internationalen Standorten der Serverfarmen, wächst die Menge der zu beachtenden Gesetze und verlangt eine immer enger werdende Verzahnung der Arbeit zwischen IT-Experten und Juristen. Hier gilt es, die zu beachtenden Gesetze von Juristen darzustellen und von IT-Experten umzusetzen. Beispielhaft sei hier die Verschlüsselung von Daten oder die Überwachung mittels Monitoring-Maßnahmen genannt.

---

[5] Vgl.: [Han11]

2. Grundlagen des Cloud Computings

Als Basis für dieses Buch ist Grundwissen zum Cloud Computing unerlässlich. Nach einer Betrachtung verschiedener Definitionen werden in diesem Kapitel die einzelnen Cloud-Architekturen und Cloud Servicemodelle vorgestellt, damit die Grundlage für die folgenden Kapitel gelegt ist. Des Weiteren wird das Jericho Cube-Model mit seinen vier Dimensionen erläutert, um eine Alternative zu den Cloud-Architekturen und -Servicemodele aufzuzeigen, auch wenn dieses sich bis heute nicht durchgesetzt hat. Das Jericho Cube-Modell soll aufzeigen, dass es verschiedene Sichtweisen auf das Thema Cloud Computing gibt und erlaubt somit das Thema aus verschiedenen Blickwinkeln zu betrachten.

Am Ende von Kapitel 2 wird noch eine Cloud Controller Software mit ihren einzelnen Komponenten vorgestellt, da dieser ein wesentlicher Bestandteil, unabhängig von der Architektur und dem Servicemodell, des Cloud Computing ist.

2.1 Definition

Für das Cloud Computing gibt es innerhalb der Literatur verschiedene Definitionen, die sich sehr ähnlich sind, aber voneinander abweichen. Das National Institute of Standards and Technology (NIST) definiert das Cloud Computing so:

„Cloud Computing ist ein Modell, das es erlaubt bei Bedarf, jederzeit und überall bequem über ein Netz auf einen geteilten Pool von konfigurierbaren Rechnerressourcen (z.B. Netze, Server, Speichersysteme, Anwendungen und Dienste) zuzugreifen, die schnell und mit minimalem Managementaufwand oder geringer Serviceprovider-Interaktion zur Verfügung gestellt werden können."[6].

Weil die Definition des NIST mehr die Vision des Cloud Computings wiederspiegelt, und weniger die Realität betrachtet, hat das BSI die Definition wie folgt verfeinert:[7]

„Cloud Computing bezeichnet das dynamisch an den Bedarf angepasste Anbieten, Nutzen und Abrechnen von IT-Dienstleistungen über ein Netz. Angebot und Nutzung dieser Dienstleistungen erfolgen dabei ausschließlich über definierte technische Schnittstellen und Protokolle. Die Spannbreite der im Rahmen von Cloud Computing angebotenen Dienstleistungen umfasst das komplette Spektrum der Informationstechnik und beinhaltet unter anderem Infrastruktur (z.B. Rechenleistung, Speicherplatz), Plattformen und Software."[8].

Innerhalb des Buches wird die Definition des BSI die Grundlage bilden, weil diese detaillierter ist und daher den aktuellen Stand der Technik besser widerspiegelt.

---

[6] Ursprung von : [NIS09] Übersetzung und Zitiert nach: [Bun11] S.13
[7] Vgl.: [Bun11] S.14
[8] Zitat nach: [Bun11] S.15

Grundlegend gibt es im Cloud Computing drei Funktionen, welche benötigt werden, damit das Cloud Computing funktioniert. Die einzelnen Funktionen können auch von einem Unternehmen wahrgenommen werden oder jede Funktion von einem einzelnen Unternehmen.

Die erste Funktion ist der Rechenzentrumsbetreiber. Dieser ist für die physikalische Bereitstellung und den Schutz der Hardware, auch „physical Security" genannt, verantwortlich. Die Funktion des Rechenzentrumsbetreibers wird in Kapitel 3 näher erläutert.

Die zweite Funktion ist der Cloud Service Provider (CSP). Dieser bietet die Cloud Services entweder in seinem eigenen Rechenzentrum an, wenn er z.B. eine eigene Enterprise Ressource Planning (ERP)-Softwareplattform betreibt, oder er vermietet beispielsweise Instanzen mit seinen angebotenen Diensten in einem anderen Rechenzentrum. Der CSP ist für den Kunden derjenige, der für die Sicherheit der angebotenen Dienste und Instanzen verantwortlich ist. Die Instanz bezieht sich hier auf die Cloud-Umgebung welche der CSP dem Kunden zur Verfügung stellt. Auf die Sicherheit der Instanzen und Software wird in Kapitel 3 näher eingegangen.

Die letzte Funktion ist der Kunde selbst, welcher Cloud-Angebote nutzen möchte. Der Kunde ist für die Sicherheit seiner Daten und die Einhaltung datenschutzrechtlicher Vorschriften verantwortlich, weil er diese nicht delegieren darf. Realisieren kann der Kunde dies mit Verträgen zwischen dem Kunden und dem CSP, die er in Abstimmung mit dem CSP erstellt und deren Einhaltung mithilfe von Überwachungsprogrammen im Auge behalten kann.Die Kapitel 4 und 5 beschäftigen sich mit der Überwachung und der Vertragsgestaltung innerhalb des Cloud Computings.

2.2 Vor- und Nachteile

Die Nutzung von Diensten, auch Services genannt, in der Cloud bietet einige Vorteile gegenüber einer eigenen kompletten IT-Infrastruktur im Unternehmen. Der Platzbedarf verringert sich gegenüber einer eigenen IT-Infrastruktur, da der Schwerpunkt nicht mehr im eigenen Unternehmen liegt, sondern bei dem CSP. Dabei gilt es zu beachten, dass der Bedarf derselbe bleibt und sich nur die räumliche Nutzung verlagert. Durch die Verringerung sinkt der Stromverbrauch der eigenen IT welche aber aus kostentechnischer Sicht, im Cloud-Angebot beinhaltet ist.

Durch die hohe Flexibilität des CSP in der Zuteilung von Ressourcen ist es jederzeit möglich, kurzfristige Lastspitzen, wie z.B. im Weihnachtsverkauf bei einem Onlinehändler, problemlos zu kompensieren. Weil keine Leistungsreserven angelegt werden müssen, steigert sich die Effizienz gegenüber einer eigenen IT-Infrastruktur, wo immer Leistungsreserven vorgehalten werden müssen und nur selten genutzt werden. Die Leistungsreserven sind vertraglich durch den CSP zuzusichern, da ein CSP nicht unendlich viel Leistungsreserven aus kostentechnischer Sicht vorhalten kann.

Beim Einsatz von Cloud Services gilt es jedoch zu beachten, dass die Anbindung der IT zwischen dem Unternehmen und dem CSP mit genügend Bandbreite und einer redundanten Backuplösung realisiert wird. Beim Ausfall des Rechenzentrums bzw. des Cloud Services kann es zu einem Stillstand innerhalb des Unternehmens kommen. Als Beispiel für den Ausfall des CSP sei der Blitzschlag in das Rechenzentrum der Amazon Cloud in Irland am 07.08.2011 genannt, das daraufhin längere Zeit gestört war[9]. Solche Vorfälle können zu einem hohen wirtschaftlichen Schaden für das nutzende Unternehmen führen, wenn diese seine kompletten Prozesse in die Cloud ausgelagert hat.

Des Weiteren besteht eine Abhängigkeit vom Rechenzentrum in Bezug auf die Ausfallsicherheit und die Verfügbarkeit der Services. So geschah es im April 2011, als bei einem Routine-Update der Server, durch menschliches Versagen, zu einer Störung und dem teilweisen Ausfall der Services kam[10].

Die jüngsten Vorfälle zeigen auch die Anfälligkeit der CSPs und deren teilweise unzureichende Absicherung. Hier gilt es durch den Nutzer entsprechende Backuplösungen, z.B. durch eine Datensicherung bei einem zweiten CSP, zu implementieren.

Ein weiteres Problem ist momentan die Nutzung von mehreren CSPs[11]. Es zeigt sich, dass es derzeit problematisch ist, den CSP durch fehlende Standards, einfach mit seinen gesamten Daten zu wechseln. Hierbei besteht die Herausforderung nicht darin, die Daten zu erhalten, sondern die Bezüge der Daten zueinander zu garantieren. Die Bezüge können beispielsweise Microsoft Excel Dateien sein welche einen Bezug zu einer anderen Excel Datei haben. Wenn dieser Bezug fehlt kann die Datei ihren Nutzen verlieren. Auch in Bezug auf den Entwurf zur neuen EU-Datenschutzverordnung, der in Anlage D erläutert wird, ist dieses Problem zu lösen, da die Verordnung dies so vorschreibt.

Die Problematik der Standardisierung ist desgleichen durch das Institute of Electrical and Electronics Engenieers (IEE) festgestellt wurden und es hat im April 2011 begonnen, Profile zu definieren, welche die Portabilität der Cloud Services sicherstellen sollen. Abbildung 1 zeigt die geplanten Profile, die unter der Working Group P2301 beim IEEE erstellt wurden.

Nicht nur das IEEE beschäftigt sich mit der Definition von Standards bzw. Profilen, sondern auch das NIST erließ im Juli 2011 ein Arbeitspapier zu diesem Thema[12]. Diese Maßnahmen helfen, die Problematik zeitnah zu verringern und sind ein wichtiger Schritt zur Verbesserung der einzelnen Cloud Services.

---

[9] Vgl.: [Hei11]
[10] Vgl.: [Kue11]
[11] Vgl.: [Bui11]
[12] Vgl.: [Hog11]

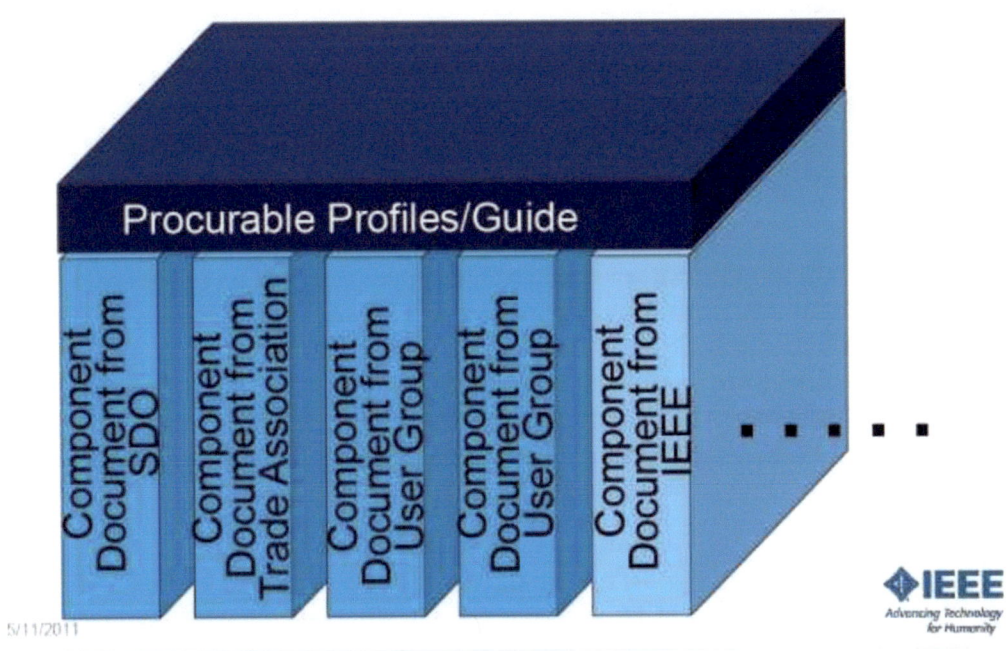

Abbildung 1 IEEE 2301 Profile[13]

2.3 Architekturen

Im Bereich des Cloud Computings haben sich drei verschiedene Architekturen entwickelt: die Public, die Private und die Hybrid Cloud. Es existieren mittlerweile viele weitere Architekturvarianten wie z.B. die Community Cloud, aber diese beruhen auf der Basis der drei hier vorgestellten Architekturen und werden daher nicht weiter innerhalb des Buches untersucht.

Durch die Nutzung von Cloud Computing wird das bekannte Lizenzkostenverfahren, jede installierte Software benötigt eine Lizenz, wie es z.B. Microsoft mit seinen Office Produkten zurzeit durchführt, abgelöst und durch individuelle Kostenmodelle ersetzt. Die individuellen Kostenmodelle im Cloud Computing sind speziell an die geforderten Services des Nutzers angepasst und sind nicht pauschalisiert wie das Lizenzkostenverfahren. Einen Überblick über verschiedene Kostenmodelle liefern [14] und [15]. Innerhalb der Cloud Services werden die gängigsten Kostenmodelle kurz erwähnt.

---

[13] Abbildung nach: [Bui11]
[14] Vgl.: [Mar10]
[15] Vgl.: [Köh11]

2.3.1 Public Cloud

Die Public Cloud-Architektur bietet ihre Dienste öffentlich zugänglich an und ist über das Internet erreichbar. Public Clouds bieten verschiedene IT-Services an, die kostenlos wie zum Beispiel http://docs.google.de, oder kostenpflichtig, wie zum Beispiel http://www.salesforce.com genutzt werden können. Services in der Public Cloud können über verschiedene Wege abgerufen werden.

Viele Anbieter bieten die Möglichkeit der Integration ihres Services in bestehende Softwareumgebungen, wie z.B. SAP oder Oracle an, was einen Umzug in die Cloud erleichtern soll. Diese Integration kann durch Erweiterungen des Webbrowsers, so genannten Plugins, realisiert werden über welche dann auf die entsprechenden Dienste in der Cloud zugegriffen werden kann. Als Alternative zu den Erweiterungen werden reine Webapplikationen eingesetzt, welche über einen Webbrowser erreicht werden, oder Programme für mobile Geräte, so genannte „Apps", die den Zugriff von überall ermöglichen sollen. Mit diesen drei Möglichkeiten des Zugriffes können Cloud-Dienste in einer Public Cloud genutzt werden.

Die Verantwortung für die Sicherheit der Public Cloud-Dienste obliegt hier dem CSP, der die Cloud Services zur Verfügung stellt, wodurch der Nutzer keinen direkten Einfluss auf die Sicherheit der Public Cloud hat. Bei der Nutzung von Public Cloud-Diensten in Verbindung mit der Verarbeitung von personenbezogenen Daten ist die Vertragsgestaltung, wie in Kapitel 5 dargestellt, anzupassen.

Nach [16] wird die Public Cloud dahingehend spezifiziert, dass der Anbieter und der Nutzer nicht derselben organisatorischen Einheit angehören. Mithilfe dieser Spezifikation soll es erleichtert werden, die einzelnen Cloud-Architekturen einzuordnen.

Mithilfe der Public Clouds wird es vor allem kleinen Unternehmen ermöglicht, Software einzusetzen, welche durch ihre Anforderung an die Hardware und Administration sonst nicht nutzbar wäre. Das wird dadurch realisiert, dass der Unternehmer nur das Cloud-Angebot einkauft und keine weiteren Maßnahmen, wie z.B. die Anschaffung, Installation und Administration der Software, finanziell aufzuwenden hat.

Die Public Cloud stellt eine hochstandardisierte Auswahl an Geschäftsprozess-, Anwendungs- und Infrastrukturdiensten auf einer variablen, nutzungsabhängigen Basis zur Verfügung[17].

Generell gilt es bei Public Cloud-Diensten zu beachten, dass vor der Nutzung die juristischen Grundlagen klar definiert sind und ein sicherer Zugriff gewährleistet ist.

---

[16] Vgl.: [Bau10] S. 25
[17] Zitat nach: [Bit09] S.30

2.3.2 Private Cloud

Private Clouds sind das infrastrukturelle Gegenteil der Public Clouds. Die Private Cloud wird nur speziell für ein Unternehmen betrieben. Der Betreiber kann das Unternehmen selbst, auch self managed genannt, oder ein beauftragtes Unternehmen, als Third Party Organisation bezeichnet, das die Private Cloud entweder in seinem eigenen Rechenzentrum, auch Off-Premise genannt, oder im Unternehmen, auch On-Premise genannt, betreibt.

Der Zugriff auf die Private Cloud kann sowohl über das Internet, z.B. mit einer Virtual Private Network (VPN)-Technologie als auch über das unternehmensinterne Intranet oder beiden erfolgen.

Mithilfe der VPN-Technik können verschiedene Standorte eines Unternehmens verschlüsselt mit der Private Cloud kommunizieren. Mit dem zusätzlichen Einsatz von Sicherheitsprotokollen, wie z.B. dem HTTPS (Hyper Text Transport Protocol Secure)-Protokoll beim Einsatz eines Webbrowsers, kann eine sichere Authentifizierung erfolgen und somit der komplette Zugriff abgesichert werden. Wie die Authentifizierung erfolgen kann, wird in Kapitel 3.4.1.2 dargestellt.

Innerhalb der Private Cloud obliegt die Sicherheit dem betreibenden Unternehmen und somit die komplette Verantwortung für die zu treffenden Sicherheitsvorkehrungen zur Absicherung der Infrastruktur. Die Sicherheit umfasst nicht nur die Private Cloud selbst, sondern auch die Software, mit der auf diese zugegriffen wird. Die Sicherheit der Software ist dahingehend wichtig, da eine Sicherheitslücke in der Software einen Angriffspunkt auf die Software bieten kann. Hier kommt der Einsatz von Verschlüsselungssystemen in Betracht, die in Kapitel 3.4.1 dargestellt werden.

Wenn ein zusätzliches Unternehmen, unabhängig davon, in welchem Rechenzentrum, mit dem Betreiben der Private Cloud beauftragt wird, müssen spezielle Verträge wie z.B. SLA geschlossen werden, welche die Verantwortlichkeiten sowie den Schutz der Daten regeln. Inhalt und Aufbau solcher Verträge werden in Kapitel 5 untersucht.

Bei dem Betreiben der Private Cloud durch ein weiteres Unternehmen, bleibt die Cloud Teil des eigenen Unternehmens und wird nicht zu einer Public Cloud-Infrastruktur.

Abschließend kann zu der Private Cloud gesagt werden, dass diese eine erhöhte Sicherheit für ein Unternehmen bietet, da die Infrastruktur nicht öffentlich zugänglich ist. Durch die eigene, oder durch ein beauftragtes Unternehmen, durchgeführte Administration entsteht für das Unternehmen ein erhöhter finanzieller Aufwand, im Vergleich zu einer Public Cloud.

2.3.3 Hybrid Cloud

Die Hybrid Cloud beinhaltet sowohl Dienste einer Private Cloud als auch einer Public Cloud. Innerhalb von Hybrid Clouds wird über standardisierte Schnittstellen, zwischen den einzelnen Cloud-Diensten kommuniziert und somit eine Nutzung von Daten aus der Private wie auch der Public Cloud gewährleistet.

Ein mögliches Einstiegsszenario ist der Betrieb einer Private Cloud für unternehmensinterne Vorgänge und die Auslagerung des Archivs in ein Datencenter in eine Public Cloud. Dieses Szenario ist auch unter dem Begriff einer „Storage Cloud" bekannt.

Ein anderes sehr praxisnahes Szenario ist, dass die produktiven Daten in der eigenen Private Cloud liegen und die Public Cloud als Testumgebung für die Erprobung neuer Software, genutzt wird. Ein Beispiel hierfür könnte der Einsatz einer Entwicklungsumgebung in der Public Cloud sein, wo die Ressourcen für die Entwicklung neuer Software genutzt werden. Bei diesem Szenario ist darauf zu achten, dass der Einsatz von produktiven Daten nicht in das Testumfeld einfließt, da sonst die rechtliche Grundlage angepasst werden muss. Die Anpassung bezieht sich darauf, dass bei dem Einsatz von produktiven Daten es sich entweder um branchenspezifische Daten, wie z.B. Konstruktionspläne handelt, welche wiederum z.B. an verschiedene Exportregularien geknüpft sind oder aber personenbezogene Daten welche dem BDSG unterliegen und somit die juristischen Grundlagen aus Kapitel 5 fordern.

Der Vorteil der Hybrid Cloud besteht darin, dass alle positiven Eigenschaften der Private und Public Cloud vereinbart werden können und die negativen Eigenschaften sich dadurch verringern. So kann z.B. bei unternehmenskritischen Daten die Private Cloud genutzt werden und bei nicht-kritischen Daten die Public Cloud. Hierbei ist vor dem Einsatz der verschiedenen Cloud-Architekturen, von den entsprechenden Fachabteilungen unternehmensintern, festzulegen, welche Daten unternehmenskritisch sind und welche nicht. Unternehmenskritische Daten können z.B. Konstruktionspläne sein, die besonders schützenswert sind.

Wichtig ist beim Einsatz von Hybrid Clouds, dass alle Schnittstellen überwacht werden. Hier könnte es beispielsweise dazu kommen, dass ein Angreifer eine Schwachstelle in der Public Cloud nutzt und über die einzelnen Schnittstellen, von der Public Cloud über die Hybrid Cloud bis zur Private Cloud vordringt und dort eventuell Daten stiehlt. Dieses kann nur durch die Implementierung verschiedener Sicherheitstechniken und Überwachungswerkzeuge verhindert werden. Der Einsatz solcher Techniken wird in den Kapiteln 3 und 4 dargestellt.

Die Verantwortlichkeiten über die verschiedenen Sicherheitsschwerpunkte teilt sich bei der Hybrid Cloud auf. Der strukturelle Anteil der Public Cloud obliegt aus sicherheitstechnischer Sicht dem CSP und der Private Cloud dem nutzenden Unternehmen.

Die Vertragsgestaltung bei der Hybrid Cloud hat einige Besonderheiten, die es zu beachten gilt. So sind in der Vertragsgestaltung die Datenverteilung sowie der Datenfluss vertraglich festzulegen. Durch den Einsatz der vermischten Strukturen innerhalb der Hybrid Cloud sind die Datenverteilung und der Datenfluss festzuhalten, da es ansonsten zu einem Datenaustausch kommt, der vorher in keiner Risikobetrachtung berücksichtig wurde. So kann es beispielsweise bei einer fehlenden vertraglichen Vereinbarung vorkommen, dass über die Public Cloud Daten aus der Private Cloud angefordert werden, die aber nicht dafür bestimmt sind.

2.3.4 Zusammenfassung der Cloud-Architekturen

Die drei verschiedenen Basisarchitekturen bilden das Grundgerüst für das Angebot des Cloud Computings. Auf dieser Basis werden die verschiedenen Services, welche nachfolgend erläutert werden, betrieben.

Bei der Entscheidung für die Nutzung des Cloud Computings durch ein Unternehmen besteht eine der ersten Entscheidungen darin, eine Wahl der Architektur zu treffen, da auf deren Basis die weiteren Schritte getroffen werden müssen.

Der Trend [18] in der Wirtschaft geht zur Nutzung von Hybrid Cloud-Architekturen, weil viele Unternehmen einen schrittweisen Umzug in die Cloud vollziehen und somit Teile im eigenen Rechenzentrum belassen. Dies wird beispielsweise durch eine Verknüpfung der eigenen IT mit einer beliebigen Cloud-Architektur realisiert.

Die Hybrid Cloud kommt vermehrt zum Einsatz, da viele Unternehmen mit einer Public-Cloud-Lösung begonnen haben, ohne sich jedoch ausführlich mit der Sicherheit zu beschäftigen. Nachdem inzwischen verschiedene Zwischenfälle eingetreten sind, wie z.B. der Ausfall der Amazon Cloud[19], werden Unternehmen bei der Nutzung von Public Clouds zunehmend skeptischer.

Die Private Cloud wird häufig von Unternehmen genutzt, die ihre IT ausgelagert haben. Wenn dann der Betreiber des Outsourcings seine eigene Infrastruktur auf die technologische Basis des Cloud Computings umstellt, wird das Outsourcing als eine Private Cloud, in diesem Zusammenhang auch shared hostet Private Cloud genannt, betrieben.

Abbildung 2 zeigt eine Zusammenfassung der drei Architekturen und ihre wichtigsten Merkmale.

---

[18] Vgl.: [IDC11]
[19] Vgl.: [Kue11]

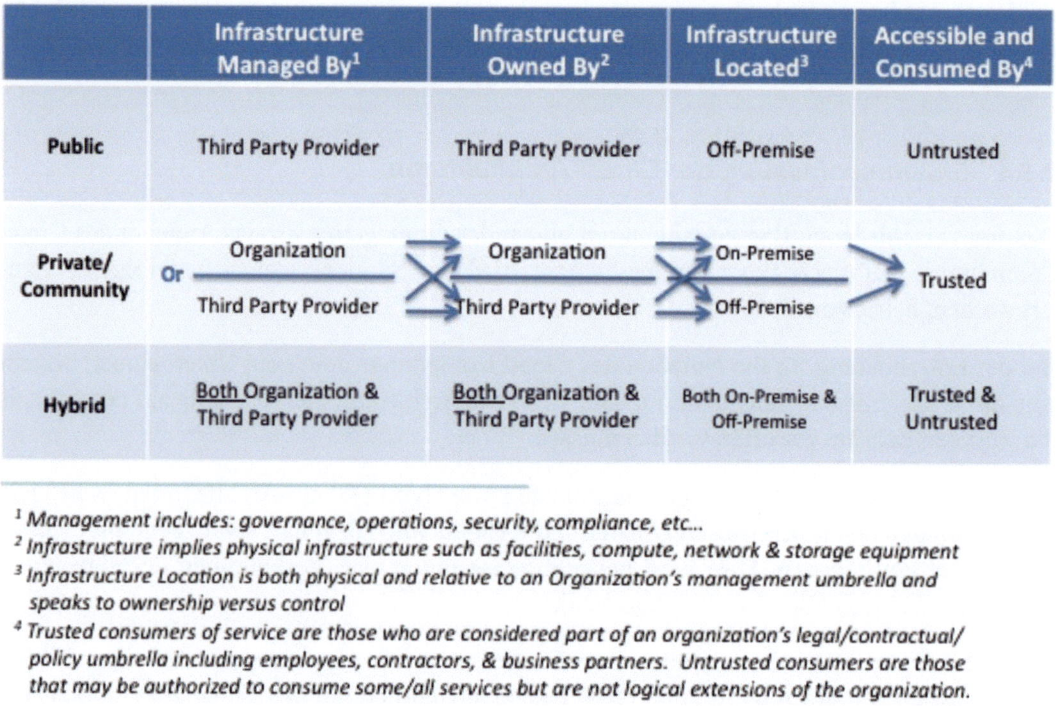

	Infrastructure Managed By[1]	Infrastructure Owned By[2]	Infrastructure Located[3]	Accessible and Consumed By[4]
Public	Third Party Provider	Third Party Provider	Off-Premise	Untrusted
Private/ Community	Or Organization / Third Party Provider	Organization / Third Party Provider	On-Premise / Off-Premise	Trusted
Hybrid	Both Organization & Third Party Provider	Both Organization & Third Party Provider	Both On-Premise & Off-Premise	Trusted & Untrusted

[1] Management includes: governance, operations, security, compliance, etc...
[2] Infrastructure implies physical infrastructure such as facilities, compute, network & storage equipment
[3] Infrastructure Location is both physical and relative to an Organization's management umbrella and speaks to ownership versus control
[4] Trusted consumers of service are those who are considered part of an organization's legal/contractual/ policy umbrella including employees, contractors, & business partners. Untrusted consumers are those that may be authorized to consume some/all services but are not logical extensions of the organization.

Abbildung 2 Zusammenfassung der Cloud-Architekturen [20]

2.4 Cloud Servicemodelle

Innerhalb des Cloud Computings haben sich drei verschiedene Servicemodelle durchgesetzt. Jedes dieser Servicemodelle ist für spezielle Einsatzgebiete konzipiert worden und findet darin auch seine Abgrenzung gegenüber anderen Service Modellen. In [21] werden die Servicemodelle auch als Drei-Ebenen-Modell für Cloud Services bezeichnet.

Jedes Servicemodell kann sowohl in dem unternehmenseigenen Rechenzentrum, als Private Cloud zum Beispiel oder aber in einem externen Rechenzentrum betrieben werden. Die Servicemodelle sind von der Architektur unabhängig, da sie auf der vorhandenen Hardwarebasis aufbauen.

Die drei Servicemodelle werden in einem Drei-Ebenen Modell dargestellt. Das Drei-Ebenen-Modell beginnt in der untersten Ebene mit dem Infrastructure as a Service. Die mittlere Ebene bildet das Servicemodell Platform as a Service und die oberste Ebene das Servicemodell Software as a Service. Die drei Ebenen ergeben sich daraus, dass das Servicemodell Infrastructure as a Service die physikalische Struktur bildet, das Servicemodell Platform as a Ser-

---

[20] Abbildung nach: [Clo09] S.22
[21] Vgl.: [Bit09] S.22

vice die Entwicklungsebene und das Servicemodell Software as a Service die Anwendungsebene.

Innerhalb der letzten zwei Jahre haben sich auf dem Markt verschiedene Ableger der drei Servicemodelle etabliert. Jeder dieser Ableger hat seine Basis in einem der drei Servicemodelle und wurde um seine Spezialisierung erweitert. In der Anlage B wird beispielhaft das Security as a Service (SecaaS)-Modell erläutert, da es auf den drei Basismodellen aufbaut und diese um spezielle Funktionen erweitert.

2.4.1 Infrastructure as a Service

Infrastructure as a Service (IaaS) stellt eine virtuelle IT-Infrastruktur zur Verfügung. Hauptnutzer des IaaS sind IT-Dienstleister bzw. IT-Abteilungen von Unternehmen, welche dort die ausgelagerte IT-Infrastruktur des Unternehmens verwalten.

Der IaaS stellt die Basis für Cloud-basierte Konzepte bereit und ermöglicht es virtualisierte Instanzen, auf Basis von virtuellen Maschinen mit einem eigenen Betriebssystem und einer flexiblen Ressourcennutzung im Rahmen der vertraglichen Vereinbarung zu betreiben.

Mithilfe des IaaS kann die komplette eigene Server IT-Infrastruktur dargestellt werden, ohne dass diese selbst im Unternehmen präsent ist. Ermöglicht wird dieses durch das Bereitstellen der Serverhardware in einem Rechenzentrum, auch on demand genannt. So bleiben lediglich die reinen Netzwerkkomponenten zur Kommunikation im Unternehmen. Bei der Anwendung des IaaS im eigenen Rechenzentrum, also on-premis, kann dieses Modell z.B. da hingehend genutzt werden, neue virtuelle Maschinen auf der Serverhardware zu implementieren und diese, vor dem Transfer zu einem externen Rechenzentrum, zu testen.

IaaS Preismodelle sind in verschiedenen Modellen vorhanden. Beispielhaft wird hier die Ressourcennutzung genannt, welches z.B. in Gigahertz (GHz) /Sekunde abgerechnet werden kann. Alternative Abrechnungsmodelle sind in [22] dargestellt.

Die Vorteile, welche IaaS hat, sind seine hohe Flexibilität und Skalierbarkeit bei der Ressourcennutzung. Beim IaaS werden immer nur die genutzten Ressourcen abgerechnet, dadurch entsteht für den Kunden kein Leerlauf, der Kosten verursacht. Bei Lastspitzen skaliert der IaaS die Ressourcennutzung dementsprechend, sodass der Kunde nicht merkt, wie viel Ressourcen in diesem Moment wirklich benötigt werden. Die Skalierbarkeit ist aber dahingehend begrenzt, wie viel Ressourcen vertraglich Vereinbart sind.

Durch die Skalierbarkeit und Flexibilität steigert sich auch die Effizienz, mit welcher der IaaS, im Vergleich zu einer herkömmlichen IT-Infrastruktur arbeitet. Dieses kann z.B. dahingehend realisiert werden, dass vertraglich eine maximal zur Verfügung stehende Ressourcenmenge vereinbart wird, aber nur die wirklich genutzte bezahlt wird.

---

[22] Vgl.: [Köh11]

Ein IaaS-Anbieter ist zum Beispiel der Amazon Web Service, welcher ein breites Produktportfolio anbietet aus dem sich der Kunde seine benötigten Leistungen auswählen kann. Für Details sei auf [23] verwiesen.

2.4.2 Platform as a Service

Platform as a Service (PaaS) stellt die Basis für Entwicklungsumgebungen oder auf ihr aufbauender Software as a Service Angebote bereit. Hauptnutzer von PaaS-Angeboten sind Anwendungsentwickler und Softwareanbieter, welche ohne eigene Infrastruktur Softwarelösungen entwickeln und vertreiben wollen.

Die Abgrenzung zwischen IaaS und PaaS wird nicht immer sofort deutlich. PaaS-Angebote bauen häufig auf IaaS-Angebote auf und verschmelzen dadurch. Diese Situation ergibt sich, wenn ein Unternehmen ein IaaS-Angebot nutzt, innerhalb dieses Angebotes eine virtuelle Maschine durch die eigenen Administratoren implementiert und diese den eigenen Programmierern als Entwicklungsplattform bereitstellt.

Die Abgrenzung des PaaS zu dem IaaS ist, dass keine Administration des Betriebssystems möglich ist und die Zielgruppe von PaaS-Angeboten Entwickler und keine Dienstleister, wie z.B. Administratoren, sind. Die Abgrenzung kann dahingehend verdeutlicht werden, dass auch die kompletten Netzwerkkomponenten keine Administration benötigen, sondern dies vom Anbieter umgesetzt wird.

Ein mögliches Einsatzszenario für die Nutzung eines PaaS-Angebotes wäre z.B. die Onlinespieleentwicklung. Wenn ein Entwickler sich entschließt ein Spiel zu entwickeln, kann er ein PaaS-Angebot nutzen und dort die entsprechenden Ressourcen wie z.B. eine Datenbankstruktur kaufen, ohne eine eigene IT-Infrastruktur zu besitzen.

Ein wesentlicher Vorteil des PaaS ist, dass keine Administration der IT-Infrastruktur erfolgen muss sondern der Entwickler sich komplett auf die Entwicklung seiner Anwendung konzentrieren kann. Somit ist kein zusätzliches Personal oder Wissen für die Administration der Infrastruktur notwendig.

Für PaaS-Angebote gibt es die gleichen Preismodelle wie für die IaaS-Angebote. Die wesentlichen Preiskomponenten für die Berechnung werden auf [24] dargestellt.

Ein Anbieter für PaaS-Angebote ist Google mit seiner Google App Engine der eine Plattform für die Entwicklung und das Hosting von Webseiten anbietet. Informationen rund um den Service werden auf [25] dargestellt.

---

[23] Vgl.: [Ama11]
[24] Vgl.: [Clo11]
[25] Vgl.: [Goo11]

2.4.3 Software as a Service

Software as a Service (SaaS) ist die Nutzung eines Softwareprodukts auf einer vom CSP betriebenen IT-Infrastruktur. SaaS-Angebote können sowohl selbstentwickelte Softwarelösungen, z.B. über ein PaaS-Angebot, sein als auch standardisierte Software die von einem SaaS-Anbieter bereitgestellt wird.

Bei der Nutzung von eigenentwickelten SaaS-Angeboten ist es zurzeit noch problematisch, mit dem Transfer der Anwendung von einem CSP zu einem anderen zu gelangen. Diese Problematik entsteht aus der fehlenden Standardisierung von Schnittstellen und wurde bereits unter Punkt 2.2 beschrieben.

Ein Vorteil von SaaS ist die Möglichkeit zur Bereitstellung von standardisierter Software, die für jeden schnell zugänglich ist. So können z.B. neu gegründete Unternehmen, ohne eigene IT-Serverinfrastruktur direkt umfangreiche Software nutzen. Dieser Vorteil erlaubt es kleinen Unternehmen Enterprise Software, wie z.B. Data-Mining Software, zu nutzen, die sich sonst nur große Unternehmen leisten könnten.

Die Zielgruppe der SaaS-Angebote sind sowohl Unternehmen ohne eigene Infrastruktur, welche auf standardisierte Softwarelösungen zurückgreifen wollen, als auch Unternehmen die ihre IT-Infrastruktur auslagern wollen, um die Vorteile des Cloud Computings zu nutzen.

Bei der Nutzung von SaaS-Angeboten übernimmt der CSP alle Aufgaben die zur Bereitstellung des Angebotes benötigt werden. Diese Aufgaben umfassen z.B. die technische Bereitstellung der Softwareanwendung, Backupservices, Disasterrecovery oder Updateservices. Der Kunde ist aus technischer Sicht lediglich für die Verfügbarkeit der Verbindung zum SaaS-Anbieter verantwortlich.

Die Preismodelle im SaaS-Bereich sind abhängig von der genutzten Software. Die am häufigsten vertretenen Varianten sind die Nutzer/Monat-Variante und das Freemium-Modell. Beim Freemium-Modell handelt es sich um die Bereitstellung von einer begrenzten kostenlosen Basisversion einer Software, welche durch kostenpflichtige Erweiterungen ergänzt werden kann. Detaillierte Kostenmodelle sind in [26] und [27] zu finden.

Ein Anbieter von SaaS-Angeboten ist Salesforce.com mit dem Produkt Sales Cloud. Mithilfe dieses Angebotes wird eine Customer-Relationship-Management(CRM) Anwendung bereitgestellt, auf die ortsunabhängig zugegriffen werden kann. Details über dieses SaaS-Angebot finden sich in[28].

---

[26] Vgl.: [Mar10]
[27] Vgl.: [Köh11]
[28] Vgl.: [Sal11]

2.4.4 Zusammenfassung der Cloud Servicemodelle

Die drei vorgestellten Servicemodelle stellen die Basis für alle weiter existierenden Servicemodelle da. Es gibt noch einige weniger bekannte Modelle wie z.B. Integration Platform as a Service (IPaaS) oder Everything as a Service (EaaS), die aber auf den vorgestellten Servicemodellen aufbauen. Eine detaillierte Erläuterung weiterer Service Modelle sind in [29] aufgeführt.

In der Anlage B wird beispielhaft die Security as a Service Lösung (SecaaS) vorgestellt, da diese die verschiedenen Cloud-Architekturen und -Servicemodelle kombiniert und somit beispielhaft für eine Mischform gelten kann.

Mithilfe der verschiedenen Servicemodelle kann schrittweise oder je nach Bedarf in die Cloud expandiert werden. So kann bei einem kompletten Umzug der IT-Serverinfrastruktur in die Cloud das IaaS-Modell genutzt werden. Alternativ kann bei der Einführung von einem ERP-Programm dieses auf der Basis eines SaaS-Angebots genutzt werden und der Rest der eigenen Infrastruktur bleibt unverändert.

Eine erfolgreiche Nutzung der einzelnen Servicemodelle ist maßgeblich von der Unternehmensstrategie abhängig. Wenn keine Strategie vorgegeben wird, besteht die Gefahr der Nutzung von falschen Servicemodellen und somit entsteht ein erhöhter Kostenaufwand.

Abbildung 3 zeigt die Einordnung der Servicemodelle mit ihren einzelnen Komponenten aus einer technischen Sichtweise. Sie bezieht sich auf das Cloud Reference-Modell, welches die einzelnen technischen Komponenten zusammenfasst und von den Servicemodellen abgrenzt. Mithilfe dieser Abbildung kann von innen nach außen auch das Drei-Ebenen-Modell erkannt werden.

---

[29] Vgl.: [Len09]

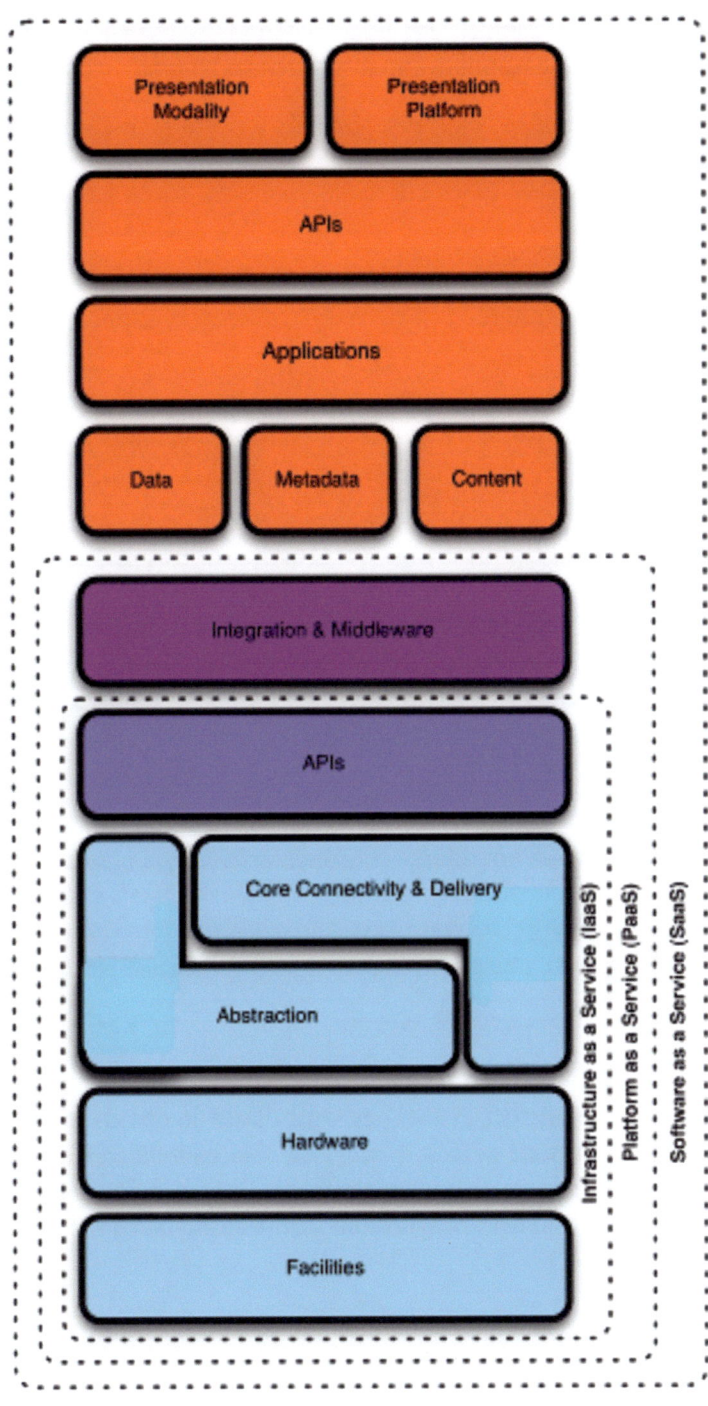

Abbildung 3 Cloud Reference-Modell [30]

---

[30] Abbildung nach: [Clo09] S 18

Abbildung 4 zeigt das Servicemodell aus einer organisatorischen Perspektive zur besseren Einordnung in das Unternehmensumfeld und die einzelnen Nutzer.

Auf dieser Basis wird nun in den folgenden Kapiteln auf die Sicherheitstechniken, Überwachung und juristischen Grundlagen eingegangen.

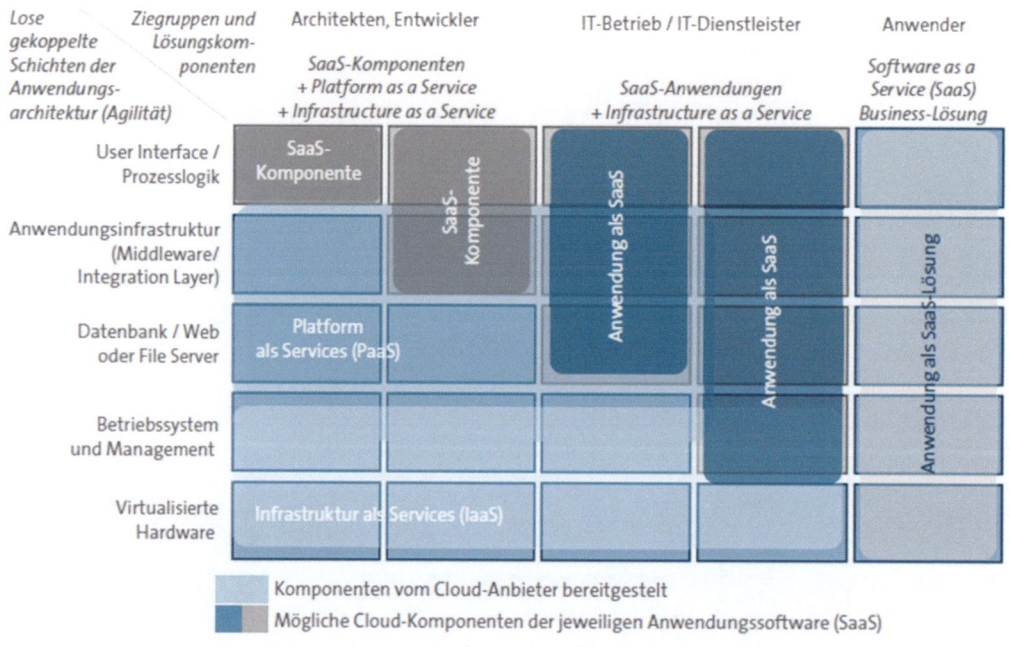

Abbildung 4 Cloud Servicemodelle organisatorisch dargestellt[31]

Das nachfolgend erläuterte Jericho Cube-Modell ist eine Alternative zu den Cloud-Architekturen und Servicemodellen. Allerdings wird dieses in den darauffolgenden Kapiteln nicht als Grundlage genutzt, weil es sich, sowohl bei den nationalen Behörden, als auch bei den Anbietern von Cloud Services nicht durchsetzt hat. Die Darstellung erfolgt deshalb, da es für einzelne Entscheider eine weitere Möglichkeit zum Verständnis des Themas bietet.

---

[31] Abbildung nach [Bit09]

2.5 Jericho Cube-Modell

Das Jericho Cube-Modell wurde von der Open Group im Zeitraum 2004 bis 2009 als Alternative zu den Cloud-Architekturen und Servicemodellen entwickelt. Mithilfe des Modells wird das Cloud Computing in vier Dimensionen beschrieben, wobei jede Dimension mit einem Wortpaar hinterlegt ist.

Abbildung 5 zeigt das Modell, welches die vierdimensionale Beschreibung grafisch darstellt.

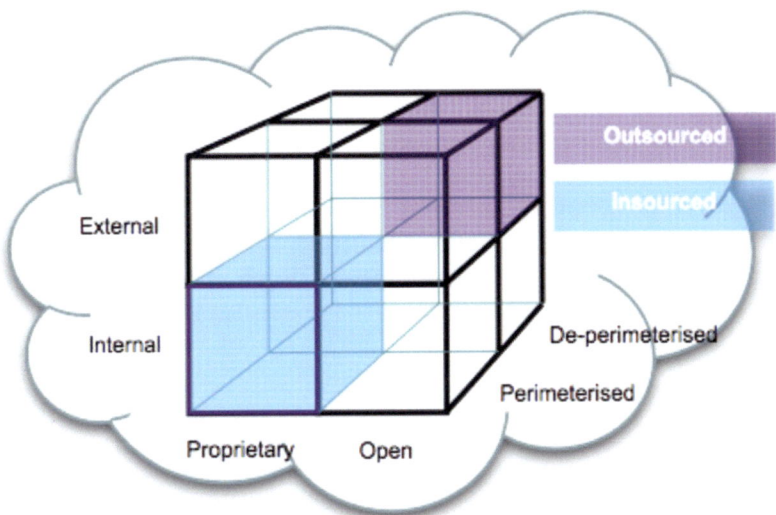

Abbildung 5 Jericho Cube-Modell[32]

Jedes der vier Wortpaare steht dabei für eine Dimension. Die einzelnen Wortpaare haben dabei folgende Bedeutung[33].

---

[32]Vgl.: [Bea09]
[33]Vgl.: [Kru10] S.51

- **Internal/External:** Beschreibt den physikalischen Ort, wo an dem die Daten befinden. Internal bezieht sich dabei auf die eigene physikalische Struktur und External auf die beim CSP bzw. einem beauftragten Unternehmen.
  Diese Dimension kann mit der Einordnung der Private- und Public Cloud verglichen werden. Die Private Cloud steht hier für Internal und die Public Cloud für External.

- **Proprietary/Open:** Mit Proprietary wird der geschützte Betrieb der Cloud beschrieben, wobei hier speziell auf die Services und Interfaces eingegangen wird. Mit Open sind offene Services und Schnittstellen gemeint, welche den Transfer zwischen CSPs erleichtern sollen.
  SaaS-Angebote können mit dieser Dimension verglichen werden. So sind standardisierte Angebote, wie z.B. salesforce.com, Open und selbst entwickelte aus einem PaaS-Angebot Proprietary.

- **Perimeterised/De-perimeterised:** Unter dieser Dimension wird die IT-Architektur beschrieben. Perimeterised beinhaltet dabei die klassische IT-Infrastruktur, in welcher sich die Administration beim eigenen Unternehmen befindet und De-perimeterised bei einer externen Administration.
  Unter Perimeterised kann auch eine ausgelagerte Infrastruktur verstanden werden, die z.B. über eine VPN-Verbindung, angebunden ist. Wichtig dabei ist die Differenzierung der Verantwortung der Administration der einzelnen Komponenten.
  Diese Dimension ist vergleichbar mit dem IaaS-Angebot.

- **Insourced/Outsourced:** Insourced und Outsourced beschreibt die Bereitstellung des kompletten Cloud Services. Beim Insourced wird der Service ähnlich der Private Cloud von der eigenen IT-Abteilung administriert. Bei Outsourced wird der komplette Cloud Service, ähnlich der Public Cloud von einem CSP administriert.

Das Jericho Cube-Modell kann in Teilen auf die Cloud Servicemodelle und Cloud-Architekturen aus den Kapiteln 2.3 und 2.4 übertragen werden. Die Darstellung mithilfe der vier Dimensionen ist übersichtlich und grafisch einfach darzustellen.

Durch die teilweise sehr schwer differenzierbaren Übergänge zwischen den einzelnen Dimensionen und dem geringen Interesse der nationalen Behörden konnte sich das Jericho Cube-Modell bis heute noch nicht durchsetzen.

Die komplette Darstellung und Beschreibung der einzelnen Dimensionen wurde in [34] dargestellt und sinngemäß ins Deutsche übertragen.

---

[34] Vgl.: [Kru10] S.52-55

2.6 Der Cloud Controller am Beispiel von Eucalyptus

Der Cloud Controller ist ein wichtiger Bestandteil der Cloud-Infrastruktur und unabhängig vom Servicemodell und der Architektur.

Mithilfe des Cloud Controllers wird eine Managementplattform, für den Anwender und Administrator geschaffen, mit der er die Netzwerkressourcen, die Virtualisierungstechnik und den Datenbestand, auch Storage genannt, verwalten kann.

Am Beispiel der Cloud Controller Software Eucalyptus werden die einzelnen Komponenten erläutert. Die Software Eucalyptus wurde gewählt, weil dieser Cloud Controller frei verfügbar ist und von vielen großen Firmen zur Realisierung verschiedener Cloud Architekturen eingesetzt wird. Beispielhaft seien hier die Firmen Lilly, Ubuntu und die National Aeronautics and Space Administration (NASA) genannt. Eine andere Cloud Controller-Software wäre z.B. OpenNebula oder Nimbus.

Der Hauptbestandteil einer Cloud Controller Software ist der Cloud Controller (CLC), welcher die Schnittstelle zu den darunter liegenden Ressourcen, wie z.B. den virtualisierten Komponenten oder zum Storage, bereitstellt.

Der Cluster Controller (CC) kommt zum Einsatz, wenn mehrere virtuelle Maschinen darunter liegen und er die Last auf diese gleichermaßen verteilen kann. Mit dieser Komponente kann verhindert werden, dass eine virtuelle Maschine die komplette Last trägt, während sich der Rest der virtuellen Maschinen im Leerlauf befindet.

Unter dem CC liegt der Node Controller (NC), der die einzelnen virtuellen Komponenten verwaltet. Der NC sorgt dafür, dass die virtuellen Komponenten fehlerfrei laufen und überwacht sie. Dabei arbeitet er mit dem CC zusammen und verarbeitet dessen Anfragen, z.B. die Verlagerung der Last auf eine andere virtuelle Maschine, und setzt diese um.

Zur Verwaltung der Datenbasis wird ein Storage Controller (SC) eingesetzt, der den Zugriff der einzelnen virtuellen Komponenten auf die Datenbasis kontrolliert und die Zugriffe steuert.

Im Gegensatz zum SC wird der Walrus zur Kontrolle einer externen Datenbasis eingesetzt, auf welche die virtuelle Maschine nicht direkt über den SC zugreifen kann. Diese Lösungen kommen zum Einsatz, wenn große Datenspeicher, z.B. für Backup- oder Archivierungslösungen, zur Verfügung gestellt werden.

Oben aufliegend auf den gesamten Komponenten befindet sich das Management Interface, welches z.B. über eine Web Schnittstelle dargestellt wird, über die dann auf alle weiteren Komponenten zugegriffen werden kann. Mithilfe dieser Oberfläche ist es einfacher diese Komponenten zu nutzen, da dort alles grafisch aufbereitet und zusammengefasst ist. Zu beachten ist dabei, dass der Zugriff auf diese Oberfläche überwacht wird, damit kein unerlaubter Zugriff auf die Software erfolgen kann.

Abbildung 6 stellt die komplette Struktur der Cloud Controller Software noch einmal grafisch dar. Die Erklärung der einzelnen Komponenten wurde von [35] sinngemäß ins Deutsche übersetzt.

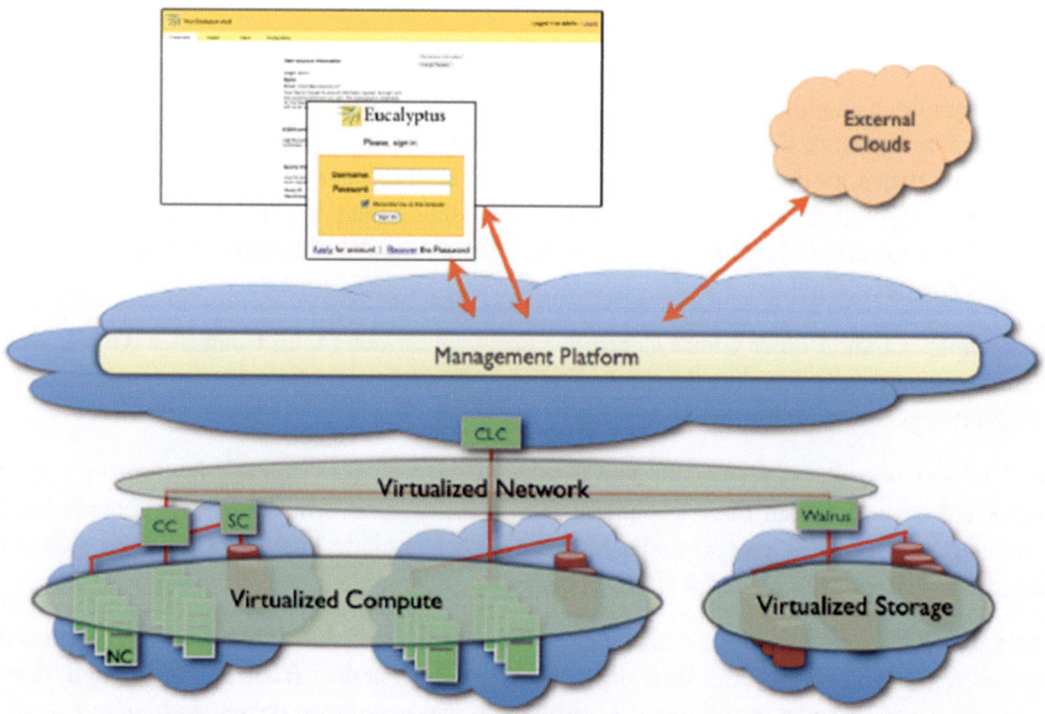

Abbildung 6 Eucalyptus Infrastruktur[36]

Eine allgemeine Darstellung einer Cloud-Controller Software wird in Abbildung 7 aufgezeigt, welche nicht speziell auf die Software Eucalyptus festgelegt ist. Diese Abbildung zeigt die schematische Funktion eines Cloud Controllers und bietet somit eine einfachere Darstellung.

---

[35] Vgl.: [Euc11] S.3-4
[36] Abbildung nach [Euc11] S.3

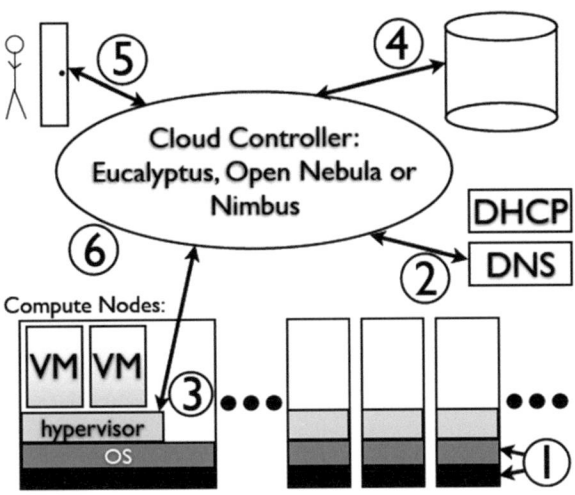

Abbildung 7 Cloud Controller[37]

Die in Abbildung 7 dargestellten numerischen Bezeichnungen beziehen sich dabei auf folgende Komponenten: Nummer 1 steht für die Serverhardware und das Betriebssystem, auf dem die virtuellen Maschinen aufgebaut sind.

Nummer 2 bezieht sich auf verschiedene Dienste, die durch den Cloud Controller zur Verfügung gestellt werden können. In dem Fall ist es das Domain Name System (DNS), welches IP-Adressen in Namen auflöst und das Dynamic Host Configuration Protocol (DHCP), dass dynamisch IP-Adressen zuteilen und verwalten kann.

Nummer 3 symbolisiert den eingesetzten Hypervisor und die einzelnen VM, die auf diesem betrieben werden. Des Weiteren bezieht sich Nummer 3 auf die Kommunikation zwischen Hypervisor und Cloud Controller.

Nummer 4 umfasst die Kommunikation zwischen dem Cloud Controller und der Datenbank bzw. den Daten selbst. Hier wird die Kommunikation speziell zu einer externen, nicht in den einzelnen virtuellen Maschinen implementierten Datenbasis dargestellt.

Nummer 5 ist die Kommunikation zwischen dem Nutzer und dem Cloud Controller. Hier, durch die Tür dargestellt, wird auf die verschlüsselte Kommunikation hingewiesen, die einen hohen Stellenwert hat.

Nummer 6 ist das Management Interface des Cloud Controllers, das die verschiedenen Instanzen verwaltet und die Kommunikation zwischen VM und Datenbank sowie den Einsatz der in Nummer 2 dargestellten Dienste gewährleistet.

Der hier vorgestellte schematische Cloud Controller soll einen Überblick über die Funktion und den Einsatz von Cloud Controllern geben und ist vereinfacht dargestellt.

---

[37] Abbildung nach [Sim10] S.2

3. Sicherheitstechniken

Dieses Kapitel befasst sich mit den Grundlagen der Sicherheitstechniken im Cloud Computing. Die Basis dieses Kapitels wird dahingehend spezifiziert, dass die hier dargestellten Sicherheitstechniken den Grundstock für die sichere Nutzung des Cloud Computings wiedergeben und durch individuelle Lösungen ergänzt werden können.

Innerhalb des Kapitels wird nicht zwischen den einzelnen Cloud-Architekturen und Servicemodellen unterschieden, sondern der Einsatz der Sicherheitstechniken wird auf ihr jeweiliges Einsatzgebiet beschränkt.

Begonnen wird mit der Virtualisierung, weil diese die Basis für Cloud Computing-Instanzen bildet. Mit den Instanzen werden einzelne virtuelle Maschinen bezeichnet, wobei ein Cloud-Kunde mehrere Instanzen haben kann. Die Virtualisierung ist zwar keine spezielle Sicherheitstechnik, bietet aber zusätzliche Möglichkeiten der Absicherung gegenüber der klassischen IT-Infrastruktur. Beispielhaft hierfür ist die Verwendung einer zentralen Firewall auf einem Server für mehrere virtuelle Maschinen.

Anschließend wird auf die Sicherheit in einem Rechenzentrum und deren Besonderheiten eingegangen. Die Rechenzentrumssicherheit hat eine große Bedeutung, da die besten Schutzmechanismen auf der Softwareebene nicht ausreichen, wenn das Rechenzentrum nicht vor einem Zugriff von außen geschützt ist.

Kapitel 3.3 befasst sich mit der Sicherheit speziell für die einzelne Cloud Instanz. Innerhalb dieses Kapitels werden der sichere Zugriff und verschiedene weitere Möglichkeiten zur Absicherung der Cloud-Instanz aufgezeigt.

Zum Abschluss werden in Kapitel 3.4 die Funktionsweise und der Einsatz von Verschlüsselungssystemen im Bereich des Cloud Computings erläutert.

Ziel dieses Kapitels soll es sein, die technische Sicherheit und den Datenschutz in Rechenzentren und Cloud-Instanzen zu erläutern und deren Umsetzungsmöglichkeiten aufzuzeigen.

Im Bereich des Datenschutzes werden Möglichkeiten aufgezeigt, die für Unternehmen zur Umsetzung ihrer gesetzlichen Pflichten in Bezug auf personenbezogene Daten wichtig sind.

3.1 Virtualisierung

Die Virtualisierungstechnik ist keine speziell für das Cloud Computing entwickelte Technik, sondern wurde schon Mitte der 60er Jahre ausgearbeitet. Mithilfe der Virtualisierung werden auf einem Hardwaresystem mehrere virtualisierte Systeme betrieben, um die Hardwareressourcen optimal zu nutzen.

Mithilfe der Virtualisierungstechnik werden die Ressourcen auf einem Server auf verschiedene virtuelle Maschinen (VM) aufgeteilt. Durch die Einführung der Mehrkernprozessoren hat die Virtualisierung schnell mehr Anerkennung gewonnen, da mithilfe dieser Technik alle Prozessorkerne besser genutzt werden konnten. Die Verwaltung der einzelnen VMs wird durch die Virtualisierungskomponente, auch bekannt als Virtual Maschine Monitor (VMM), durchgeführt und kann wie folgt definiert werden:

„Zentrale Aufgabe der Virtualisierungskomponente ist Hardware so an die VMs aufzuteilen, dass die Software, die in einer virtuellen Maschine läuft, nicht das Gesamtsystem wahrnimmt, sondern nur die ihr zugeteilten Ressourcen. Die Virtualisierungskomponente ist verantwortlich die Anteile aller VMs so auf das Gesamtsystem abzubilden, dass die VMs unabhängig voneinander und ohne gegenseitigen Einfluss auf dem Hostsystem laufen." [38]

Abbildung 8 zeigt einen Vergleich der klassischen Infrastruktur mit der virtualisierten Infrastruktur.

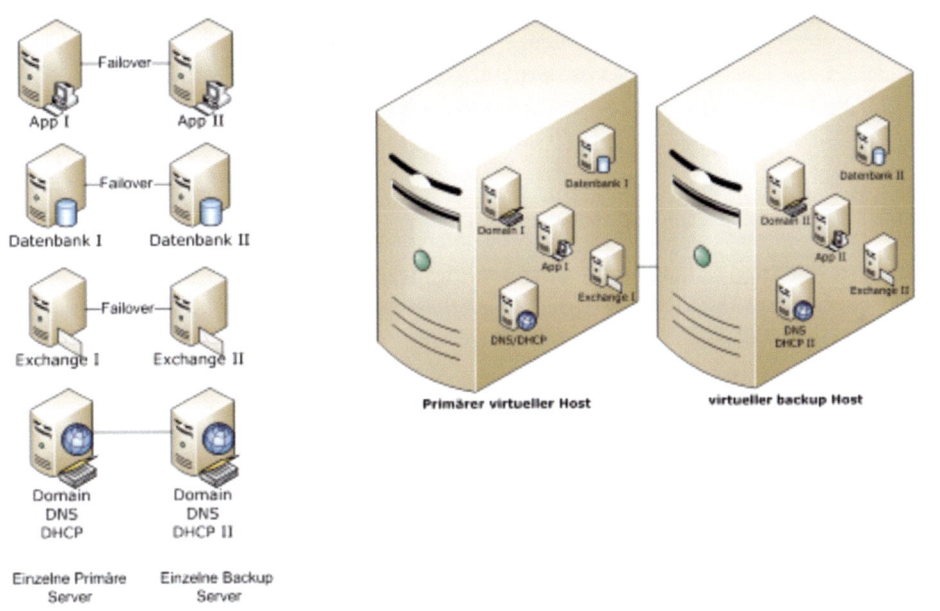

Abbildung 8 Vergleich klassische vs. virtuelle Infrastruktur [39]

Für die Virtualisierung kann, innerhalb der virtuellen Maschinen jedes aktuelle Betriebssystem eingesetzt werden, da diesem simuliert wird, dass es das einzige System auf der Hardware ist. Für die Software welche die virtuellen Maschinen bereitstellt, ist spezielle Software wie z.B. die VMWare Cloud Infrastructure Software nötig.

---

[38] Zitat nach [Fab08] S.22
[39] Abbildung nach: [IPC04]

Die Virtualisierung ist ein sehr komplexes Thema, sodass es in diesem Buch nicht komplett erläutert werden kann. Es wird auf alle relevanten Punkte in Bezug zu dieses Buches wie z.B. das Einsatzgebiet und die Funktionsweise der Virtualisierungstechnik eingegangen. Anschließend wird speziell auf die Datensicherheit beim Einsatz der Virtualisierungstechnik eingegangen. Für eine Vertiefung im Bereich der Virtualisierung sei auf [40] und [41] verwiesen.

Aufgrund der Anbietervielfalt auf dem Markt, wird kein expliziter Anbieter innerhalb des Buches behandelt, sondern es wird auf die grundlegenden Funktionsweisen und die Sicherheitstechnik der Virtualisierung eingegangen.

3.1.1 Einsatzgebiet

Virtualisierung wird vermehrt im Serversegment eingesetzt, da die Hardware immer leistungsstärker wird und somit eine Verwaltung von mehreren virtuellen Maschinen auf einer Hardware ermöglicht. Der Einsatz von VMs auf Personal Computern ist zwar mittlerweile auch möglich, weil die Computer genügend Rechenleistung vorweisen können, wird aber selten genutzt, da das Wissen der Anwender fehlt.

Ein Einsatzgebiet speziell auf Serverhardware ist die Nutzung in Testumgebungen, wo schnell neue VMs erstellt werden können, ohne dass direkt neue Hardware angeschafft wird. Dieses Szenario erlaubt zwar eine schnelle Implementierung von neuen VM, allerdings kann dieses zu einer Verlangsamung der produktiven Software auf dem Server führen, wenn dieser bereits an seinen Leistungsgrenzen angekommen ist.

Im Bereich des Cloud Computings ist die Virtualisierung die Basis für alle weiteren Funktionen. So können auf einem Server auch die VMs von mehreren Kunden arbeiten, ohne dass diese es wissen.

3.1.2 Funktionsweise

Generell wird bei der Virtualisierung zwischen drei verschiedenen Architekturen unterschieden: Systemvirtualisierung, Paravirtualisierung und vollständige Virtualisierung. [42]

Bei der vollständigen Virtualisierung wird die physikalische Hardware in mehrere VMs aufgeteilt und kann somit über den Virtual Maschine Monitor (VMM), auch bekannt als Hypervisor, mit der Hardware kommunizieren.

„Der VMM ist zentrales Element in einer Virtualisierungsumgebung. Er verwaltet alle Ressourcen des Hostsystems, richtet die virtuellen Maschinen ein und bildet sie auf die vorhandenen Systemressourcen ab." [43]

---

[40] Vgl.: [Zim09]
[41] Vgl.: [Fab08]
[42] Vgl.: [Fab08] S.2

Das Betriebssystem, das in der VM installiert wird, weiß nicht, dass es eine virtuelle Umgebung ist, da die VM dem Betriebssystem eine eigene Hardware simuliert. Somit kann jedes beliebige Betriebssystem in den VMs eingesetzt werden.

Abbildung 9 stellt die Architektur der vollständigen Virtualisierung grafisch aufbereitet da.

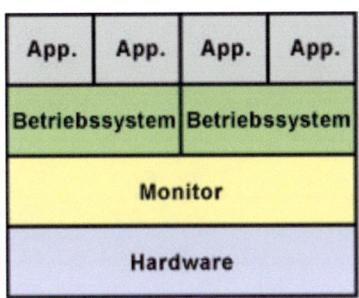

Abbildung 9 Vollständige Virtualisierung [44]

Die Paravirtualisierung funktioniert ähnlich der vollständigen Virtualisierung mit dem Unterschied, dass das Betriebssystem weiß, dass es eine VM ist und somit direkter und effizienter über eine eigene Hardwareschnittstelle kommunizieren kann.

Bei der Paravirtualisierung kommt noch, im Vergleich zur vollständigen Virtualisierung, eine Managementinstanz dazu, welche die einzelnen VMs verwaltet. Diese Instanz läuft auf einem eigenen Betriebssystem und ist nicht mit dem VMM gleichzusetzen. Aufgrund der nötigen Anpassungen der Betriebssysteme da nicht jedes Betriebssystem virtualisiert eingesetzt werden kann werden häufig Open Source Linux Distributionen genutzt, da diese es erlauben, den Kern, auch Kernel genannt, des Betriebssystems um sogenannte Hypervisor Calls zu erweitern.[45]

---

[43] Zitat nach [Fab08] S.26
[44] Vgl.: [Ele10]
[45] Vgl.: [Mar09] S12

Abbildung 10 stellt die Architektur der Paravirtualisierung grafisch aufbereitet da.

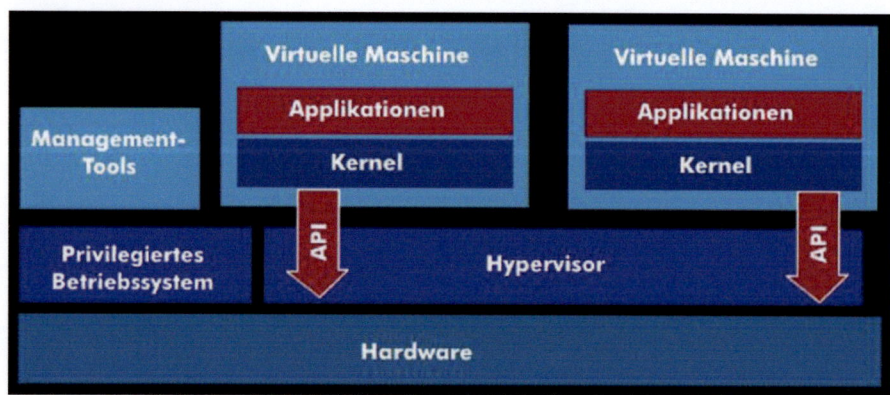

Abbildung 10 Architektur der Paravirtualisierung[46]

Die Systemvirtualisierung, auch unter dem Begriff Betriebssystemvirtualisierung bekannt, funktioniert ohne die VMM-Technik. Innerhalb der Systemvirtualisierung wird nur das Betriebssystem, das auf der Serverhardware installiert ist, virtualisiert.

Das Betriebssystem kann dann von sich selbst VMs bilden, die voneinander isoliert sind. Das Betriebssystem bildet die Virtualisierungsschicht, auch Betriebssystemvirtualisierungsschicht genannt, selbst ab, die den VMM ersetzt. Mithilfe dieser Technik kann eine sehr hohe Anzahl an VMs auf einem Hostsystem eingesetzt werden, weil die Betriebssystemdaten bei allen VM dieselben sind und somit von allen VM genutzt werden können. Der Einsatz dieser Technik erhöht die Effizienz der einzelnen VMs, allerdings kann auf allen VMs nur das Betriebssystem genutzt werden, dass auf der Serverhardware installiert ist.[47]

---

[46] Abbildung nach: [ITW111]
[47] Vgl: [Mar09] S. 14

Abbildung 11 stellt die Architektur der Betriebssystemvirtualisierung grafisch da.

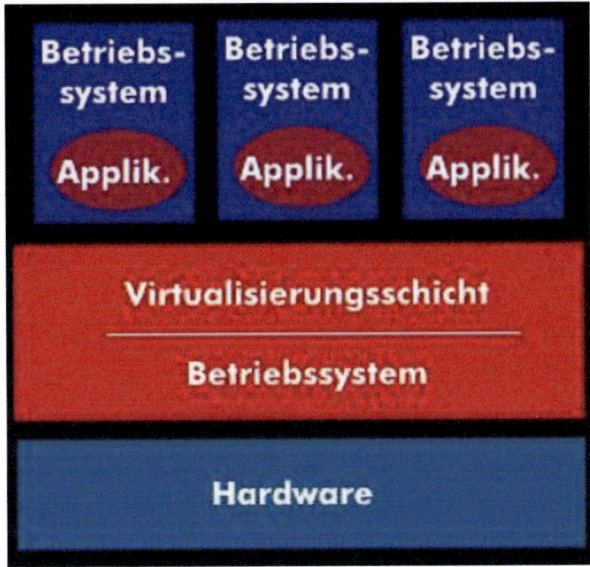

Abbildung 11 Betriebssystemvirtualisierung[48]

Innerhalb des Cloud Computings können verschiedene Arten der Virtualisierung zum Einsatz kommen. So kommt bei reinen SaaS-Anwendungen häufig die Betriebssystemvirtualisierung zum Einsatz, da die CSPs ihre Instanzen vorgefertigt haben und nur die Software für den Kunden anpassen müssen. Durch denselben Softwareeinsatz kann diese unentwegt auf demselben Betriebssystem laufen und somit die Effizienz steigern.

Bei IaaS kommt häufig die vollständige Virtualisierung zum Einsatz, die es dem Kunden ermöglicht, seine eigene Software in seinen Instanzen zu betreiben. Des Weiteren kann der Kunde auch selbst bestimmen, welche Betriebssysteme eingesetzt werden.

Im Bereich des PaaS wird auch vermehrt die Betriebssystemvirtualisierung verwendet, weil dort die Administration des Betriebssystems nicht im Fokus steht, sondern die reine Entwicklungsapplikation. Durch vorgefertigte VM innerhalb der Betriebssystemvirtualisierung ist die Administration der einzelnen VM sehr gering und muss nur speziell dem Kunden angepasst werden. Dies erlaubt dem Entwickler, sich auf seine Entwicklungsarbeit zu konzentrieren und das Betriebssystem nicht weiter zu administrieren.

Es ist allerdings möglich, dass jede Virtualisierungsarchitektur mit jedem Cloud Servicemodell betrieben werden kann. Welche Virtualisierungsarchitektur endgültig eingesetzt wird, ist entweder vom CSP oder der eigenen Private Cloud-Umgebung abhängig. Es gibt hier keine

---

[48] Abbildung nach: [ITW11]

formellen Vorgaben dahingehend, dass ein Cloud Service nur mit einer Virtualisierungstechnik funktioniert.

Im Bereich der Public und Hybrid Cloud wird dem Kunden nicht ersichtlich, welche Virtualisierungstechnik zum Einsatz kommt, da dieser nur seine VM sieht und nicht auf welcher Basis diese betrieben wird.

3.1.3 Datenschutz

Der Datenschutz bezieht sich in diesem Kapitel speziell auf die Daten, die in der VM verarbeitet werden und die Möglichkeiten des entsprechenden Zugriffsschutzes. Der Datenschutz bei der Übertragung sowie der Schutz der kompletten Cloud-Infrastruktur werden in den Kapiteln ab 3.2 genauer untersucht.

Der Zugriff auf die Daten kann durch drei mögliche Schnittstellen erfolgen. Die erste Schnittstelle ist die Serversoftware, welche die Basis für die VMs stellt. Diese Schnittstelle kann mithilfe von regelmäßigen Sicherheitsupdates, sowie durch ein Nutzerkonzept, das strengen Anforderungen unterliegen muss, geregelt werden.

Mögliche Anforderungen an ein Nutzerkonzept sind Passwortkomplexitätsrichtlinien, Zugriffskonzepte und Rollenkonzepte. Schutzmaßnahmen zur Sicherung der Serversoftware könnten z.B. Intrusion Detection Systeme (IDS), Virenscanner oder Intrusion Prevention Systeme (IPS) sein. Die Verantwortung für die Sicherheit und Überwachung dieser Schnittstelle obliegt dem CSP bzw. dem Rechenzentrumsbetreiber je nach vertraglicher Vereinbarung.

Eine weitere Schnittstelle ist der VMM bzw. die Virtualisierungsschicht bei der Betriebssystemvirtualisierung. Durch das Ausnutzen von Sicherheitslücken innerhalb einer VM kann über diese der Zugriff auf den VMM erfolgen. Somit kann der Angreifer Zugriff auf alle von dem VMM verwalteten VMs erlangen.

Zur Verringerung des Risikos dieser Schnittstelle sind regelmäßige Updates des VMM unerlässlich.[49] IDS-und IPS-Systeme können helfen, die Schnittstelle zu überwachen und Angreifer zu entdecken. Die Verantwortung der Sicherheit des VMM obliegt auch hier dem CSP bzw. dem Rechenzentrumsbetreiber. Hier ist die vertragliche Regelung, zur Administration der entsprechenden Serverhardware über die Verantwortung entscheidend.

Die dritte Schnittstelle innerhalb der Virtualisierungstechnik ist die VM selbst. Innerhalb der VM sind die Daten zwar in ihrer Instanz isoliert, aber trotzdem nicht sicher. Die Virtualisierung selbst schützt die Daten nur, indem die Instanzen voneinander isoliert sind. Sollte aber ein Zugriff über eine der beiden ersten Schwachstellen erfolgen oder aber ein unerlaubter Zugriff aus externen Medien wie z.B. dem Internet erfolgen, ist die VM noch vor den Angriffen bzw. Zugriffen zu schützen.

---

[49] Vgl.: [Frö10] S.64

Schutzmöglichkeiten bieten hier z.B. ein zentral durch den CSP oder Rechenzentrumsbetreiber je nach vertraglicher Vereinbarung verwaltete Virenscanner und Firewallsysteme, die alle auf dem Server befindlichen VMs überwachen.

Abbildung 12 zeigt den schematischen Zugriff auf eine VM von außerhalb des Rechenzentrums und soll damit beispielhaft die Implementierung einer zentralen Firewall darstellen.

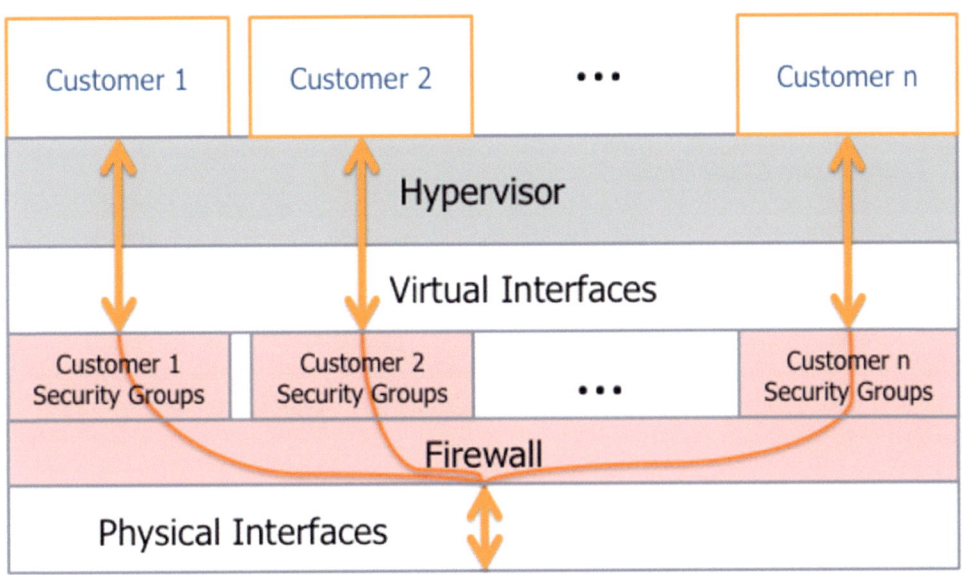

Abbildung 12 Zugriff auf Cloud-Instanz [50]

Ein weiteres Problem innerhalb der VM bietet die Nutzerverwaltung des Kunden, welche Zugriff auf die entsprechende Cloud-Instanz erhalten. Sollten hier keine engen Maßstäbe im Bereich der Nutzer und Rollenkonzepte sowie die Verwendung von komplexen Passwortrichtlinien erfolgen, kann es schnell zu einem unerlaubten Zugriff auf die Cloud-Instanz kommen.

Dieser Schwachpunkt ist allerdings nicht speziell der Virtualisierung oder dem Cloud Computing zuzuordnen, sondern existiert schon lange in der IT und wird auch ständig vom BSI angemahnt.[51]

Des Weiteren sind die Daten verschlüsselt zu hinterlegen, sodass bei einem unerlaubten Zugriff die Daten nicht direkt verwendet werden können. Die Verantwortung obliegt hier dem Kunden der aber in der Vertragsgestaltung den Einsatz zentral gesteuerter Sicherheitssoftware fordern kann und diese Leistung dementsprechend zu bezahlen hat.

---

[50] Abbildung nach [Ama111] S.13
[51] Vgl.: [Bun10] S.26

Abschließend kann gesagt werden, dass bei der Einhaltung von IT-Sicherheitskonzepten wie z.B. in [52] beschrieben, die Sicherheit der Daten sowohl in der Cloud mithilfe der Virtualisierung, als auch in herkömmlichen IT-Infrastrukturen enorm gesteigert werden kann. Des Weiteren ist der Einsatz von Sicherheitssoftware wie in z.B. IDS- und IPS-Systemen unerlässlich, um die Sicherheit der Daten zu gewährleisten.

Ein Risiko für die Sicherheit der Daten kann aber nicht ausgeschlossen werden, weil immer eine gewisse Zeit zwischen der Veröffentlichung von Schwachstellen bis zu deren Behebung mithilfe von Updates vergeht. Ein weiterer Faktor ist der Mensch selbst, da dieser auch schnell durch Unwissenheit oder vorsätzlich, Daten gefährden kann.

3.1.4 Technische Sicherheit

Die technische Sicherheit kann bei der Virtualisierungstechnik vernachlässigt werden, weil diese eine Softwaretechnik ist. Aus diesem Grund ergibt sich somit keine Änderung bezüglich der zu treffenden Sicherheitsmaßnahmen auf technischer Seite, wie z.B. in Serverräumen.

Zu beachten ist allerdings, dass durch die Virtualisierung weniger räumliche Kapazität benötigt wird und damit die Räumlichkeit zur Überwachung im Vergleich zu Servern ohne Virtualisierungstechnik geringer ist.

Des Weiteren ist zu bedenken, dass beim Ausfall eines kompletten Servers mehrere VMs betroffen sein können. Durch dieses Risiko ist der Serverhardware eine erhöhte Aufmerksamkeit in der Wartung und Pflege zu widmen.

Das BSI hat in [53] Mindeststandards festgelegt, an denen sich sowohl Rechenzentrumsbetreiber als auch CSPs und Cloud-Kunden orientieren sollten. Diese Mindeststandards, hier speziell die softwareseitigen Maßnahmen in Bezug auf die Virtualisierung, helfen ein Mindestmaß an Sicherheit zu gewährleisten und schaffen somit auch Vertrauen gegenüber dem Kunden.

3.1.5 Stärken und Schwächen

Virtualisierung hat sowohl einige Stärken wie auch einige Schwächen. Eine der Stärken der Virtualisierung ist das schnelle Einrichten einer neuen Instanz ohne die Anschaffung neuer Hardware.

Des Weiteren kann auch, mithilfe eines zentralen Managements, der Administrationsaufwand für die Sicherheitssoftware verringert werden. So kann beispielsweise auf einer Serverhardware eine Firewall installiert werden und braucht nicht in jeder einzelnen Instanz zusätzlich betrieben werden. Für dieses Beispiel sei auf Abbildung 12 verwiesen, wo dies schematisch dargestellt ist.

---

[52] Vgl.: [Bun10]
[53] Vgl.: [Bun08]

Ein weiterer Vorteil der Virtualisierung ist die Möglichkeit, die VM per „Schnappschuss" zu sichern. Mit dieser Technik kann von einer fertig konfigurierten VM im laufenden Betrieb ein „Schnappschuss" gemacht werden und dieser immer wieder eingespielt werden. Ein „Schnappschuss" ist ein Abbild der kompletten VM zu einem speziell definierten Zeitpunkt. Dieses Abbild kann jederzeit direkt wieder eingespielt werden ohne dass eine erneute Installation der Software durchzuführen ist. Durch diese Technik wird die Disasterrecovery um ein Vielfaches vereinfacht und verkürzt.[54]

Zu den Schwächen der Virtualisierung zählt, dass vor allem bei leistungsintensiven Anwendungen die Virtualisierung überflüssig ist, weil dort eine VM die kompletten Ressourcen der Hardware in Anspruch nimmt und somit keine weitere VM sinnvoll auf der Hardware eingesetzt werden kann.

Ein weiterer Nachteil ist, dass vor allem spezielle Geräte nicht virtualisiert werden können. Spezielle Geräte können z.B. Faxkarten für eine spezielle Serverapplikation sein. Diese Geräte sollten vor der Implementierung einer virtualisierten Lösung auf ihre Kompatibilität hin überprüft werden.[55]

Des Weiteren ist die Gefahr gegeben, dass durch das leichte Erstellen neuer Instanzen schnell der Überblick über die eigene Virtualisierungslandschaft verloren gehen kann. Durch den Einsatz von „mal eben schnell zum Testen" implementierter VMs kann ohne Planung der Verteilung der VMs die Last auf der Serverhardware zu hoch werden und gegebenenfalls bereits sich in Betrieb befindliche VMs beeinträchtigen.[56]

3.2 Schutz des Rechenzentrums

Dem Schutz des Rechenzentrums kommt eine große Bedeutung beim Cloud Computing zu. Innerhalb eines Rechenzentrums können mehrere CSPs angesiedelt sein, allerdings wird das Rechenzentrum selbst nur von einem Unternehmen betreiben. Hier gilt es die Verantwortlichkeiten für die einzelnen Sicherheitselemente zu definieren und vertraglich festzuhalten.

Zuerst wird in diesem Kapitel auf die Verantwortung und die Grundlagen eingegangen, die einen Bezug zur Rechenzentrumssicherheit, in Verbindung mit dem Cloud Computing, haben. Anschließend wird die Sicherheit der Daten mithilfe von Softwarelösungen untersucht. Zum Abschluss wird die technische Sicherheit zum Schutz der Hardware durchleuchtet und mögliche Konzepte und Zertifizierungen werden aufgezeigt.

Dieses Kapitel befasst sich mit der Sicherheit in einem Rechenzentrum in Verbindung mit dem Cloud Computing und nicht mit der Sicherheit der Cloud-Instanz. Die Sicherheit der Cloud-Instanz wird in Kapitel 3.3 behandelt.

---

[54] Vgl.: [Ste11]
[55] Vgl.: [Mar09] S.53
[56] Vgl.: [Mar09] S.53

Im Zusammenhang mit der Rechenzentrumssicherheit ist zu beachten, dass nur Punkte in Verbindung mit dem Cloud Computing angesprochen werden und nicht die komplette Absicherung eines Rechenzentrums.

3.2.1 Verantwortung und deren Grundlagen

Die Verantwortung für die Sicherheit in einem Rechenzentrum obliegt generell dem Betreiber. Zu unterscheiden gilt es jedoch zwischen der Sicherheit der Hardwarekomponenten und der Sicherheit der Daten. Für die Sicherheit der Hardwarekomponenten ist der Betreiber des Rechenzentrums verantwortlich und die Daten sind durch den CSP zu schützen, weil der Rechenzentrumsbetreiber keine Zugriffsmöglichkeit auf diese hat. Sollte jedoch der CSP seine eigenen Server im Rechenzentrum nutzen ist die Verantwortung der Sicherheit vertraglich zu regeln.

Bei den großen Anbietern, wie Google und Amazon, verkörpern der Betreiber des Rechenzentrums und der CSP häufig das gleiche Unternehmen und nehmen daher beide Funktionen wahr. In Konzernen kann auch die Möglichkeit gegeben sein, dass der Konzern ein Unternehmen für den Rechenzentrumsbetrieb und verschiedene CSPs als Unternehmen zum Vertrieb von Cloud-Angeboten hat. Microsoft bietet z.B. auch die Nutzung der eigenen Rechenzentren mit den hier vorhandenen Servern zur Bereitstellung von Cloud-Angeboten an[57]. In dieser Lösung ist der CSP für den Datenschutz verantwortlich und Microsoft für den Schutz des Rechenzentrums.

Essenziell für das Betreiben eines Rechenzentrums sind die gesetzlichen Forderungen, die an die Cloud-Kunden gestellt werden. Dabei ist zu beachten, dass es keine speziellen Gesetze für das Cloud Computing gibt, sondern Gesetze wie beispielsweise das Bundesdatenschutzgesetz (BDSG) Anwendung finden. Diese Forderungen sollten dem Rechenzentrumsbetreiber bekannt sein, da der Cloud-Kunde bzw. der CSP die Umsetzung der entsprechenden Maßnahmen vertraglich mit dem Rechenzentrumsbetreiber vereinbaren wird.

Die hier dargestellten Gesetze beziehen sich nicht auf die Verarbeitung von personenbezogenen Daten sondern sind Auszüge aus verschiedenen Gesetzen, die z.B. Unternehmer zur Einrichtung von Überwachungswerkzeugen, verpflichten.

Ein zu beachtendes Gesetz ist das Gesetz zur Kontrolle und Transparenz (KonTraG), das Unternehmen zu einem Risikomanagementsystem verpflichtet und mit dem existenzgefährdende Risiken frühzeitig erkannt werden. Aufbauend auf dem KonTraG besagt §91 Abs. 2 des Aktiengesetzes (AktG):

„Der Vorstand hat geeignete Maßnahmen zu treffen, insbesondere ein Überwachungssystem einzurichten, damit den Fortbestand der Gesellschaft gefährdende Entwicklungen früh erkannt werden."

---

[57] Vgl.: [Mic11]

§43 Abs.1 des Gesetzes für Gesellschaften mit beschränkter Haftung (GmbHG) besagt:

„Die Geschäftsführer haben in den Angelegenheiten der Gesellschaft die Sorgfalt eines ordentlichen Geschäftsmannes anzuwenden."

Die genannten Gesetze sind zwar nicht speziell für die IT-Sicherheit erlassen worden, doch sind sie übertragbar und zeigen somit die Pflichten für den Unternehmer auf. Aufgrund der Tatsache, dass bei einem Ausfall der IT-Systeme ein großes Risiko für ein Unternehmen entstehen kann, ist ein Ausfall eine Risikosituation, die existenzgefährdend sein kann, wenn keine Alternative besteht.

[58] beziffert beispielhaft die täglichen Ausfallkosten des IT-Systems in einem mittelständischen Unternehmen auf 2.300€. Des Weiteren hat das BSI in Zusammenarbeit mit der Firma SecuNet eine Studie zur IT-Sicherheit in kleinen und mittelständischen Unternehmen durchgeführt, wonach vor allem die Bereiche der Risikoanalyse und des Notfallmanagements vernachlässigt werden. [59] Mithilfe der vertraglichen Vereinbarung zwischen Rechenzentrumsbetreiber und Cloud-Kunden können vor allem kleine und mittelständische Unternehmen ohne großen finanziellen Aufwand solche Systeme nutzen und somit ihre Sicherheit im Unternehmen steigern.

Die Überwachung der gesetzlichen Pflichten wird im Handelsgesetzbuch (HGB) geregelt und nachfolgend erläutert.

§317 Abs.2 des HGB besagt:

„…Dabei ist auch zu prüfen, ob die Chancen und Risiken der künftigen Entwicklung zutreffend dargestellt sind…"

§317 Abs. 4 des HGB besagt:

„Bei einer börsennotierten Aktiengesellschaft ist außerdem im Rahmen der Prüfung zu beurteilen, ob der Vorstand die ihm nach § 91 Abs. 2 des Aktiengesetzes obliegenden Maßnahmen in einer geeigneten Form getroffen hat und ob das danach einzurichtende Überwachungssystem seine Aufgaben erfüllen kann."

Ein weiteres Gesetz, dass für die Verlagerung der Buchführung ins Ausland Beachtung findet, ist die Abgabenordnung (AO). Dieses kann im Cloud Computing z.B. beim Einsatz von ERP Programmen Anwendung finden. Die AO besagt in §146 Abs. 2:

„Bücher und die sonst erforderlichen Aufzeichnungen sind im Geltungsbereich dieses Gesetzes zu führen und aufzubewahren…"

§146 Abs. 2a AO zeigt Möglichkeiten auf, wie eine Ausnahmeregelung erfolgen kann.

„Abweichend von Absatz 2 Satz 1 kann die zuständige Finanzbehörde auf schriftlichen Antrag des Steuerpflichtigen bewilligen, dass elektronische Bücher und sonstige erforderliche elekt-

---

[58] Vgl.: [Chr11]
[59] Vgl.: [Sec11] S. 98

ronische Aufzeichnungen oder Teile davon außerhalb des Geltungsbereichs dieses Gesetzes geführt und aufbewahrt werden können. Voraussetzung ist, dass

1. der Steuerpflichtige der zuständigen Finanzbehörde den Standort des Datenverarbeitungssystems und bei Beauftragung eines Dritten dessen Namen und Anschrift mitteilt,..."

Des Weiteren ist in Verbindung mit den Grundsätzen zum Datenzugriff und zur Prüfbarkeit digitaler Unterlagen (GDPdU) und den damit in Verbindungstehenden Gesetzen, der Zugriff für die Finanzbehörden auf steuerrechtliche Unterlagen zu gewährleisten.

Alle hier dargestellten Gesetzesvorgaben beziehen sich allein auf die Pflichten des Unternehmers und sind unabhängig vom Cloud Computing, genau dort zu beachten.

Bei der Vertragsgestaltung sollte seitens des Rechenzentrumsbetreibers auf diese gesetzliche Regelungen eingegangen werden, um den Kunden den Umstieg in die Cloud zu erleichtern. Ein Beispiel wäre hier die Nutzung von vorgefertigten Verträgen, die auf den einzelnen Unternehmensformen in Deutschland angepasst sind. Dabei ist zu beachten, dass bei einem Wechsel der Unternehmensform die Verträge anzugleichen sind und in jedem Einzelfall die Verträge auf das aktuelle Unternehmen ausgerichtet werden müssen.

Die hier dargestellten Gesetze beziehen sich nicht auf die Verarbeitung von personenbezogenen Daten und somit nicht auf das Bundesdatenschutzgesetz (BDSG), sondern ausschließlich auf die Vorgaben an den Unternehmer. Auf das BDSG und die Möglichkeiten bei der Vertragsgestaltung wird in Kapitel 5 näher eingegangen.

3.2.2 Datenschutz

Der Datenschutz innerhalb eines Rechenzentrums bezieht sich auf mehrere Bereiche. Der Rechenzentrumsbetreiber hat zwar keinen direkten Zugriff auf die Daten, die ein CSP dort lagert, doch ist er für die Sicherung der Serverhardware verantwortlich, auf welchem der CSP seine Instanzen anbietet.

Ein Bereich ist der Einsatz von gehärteten Betriebssystemen auf den Servern um mögliche Angriffspunkte zu minimieren. Unter gehärtet sind modifizierte Betriebssysteme zu verstehen, bei denen nicht benötigte Dienste und Funktionen nicht implementiert sind. Durch den Einsatz solcher Betriebssysteme werden die Schwachstellen innerhalb eines Betriebssystems minimiert, da jeder Dienst eine potenzielle Schwachstelle sein kann. Zum Einsatz kommen hier häufig Linux-Systeme, da dort der Kernel frei verfügbar ist und somit leichter gehärtet werden kann. Gehärtete Betriebssysteme können sowohl im Bereich der Virtualisierungskomponente als auch in den VMs selber eingesetzt werden.

Auf Basis des gehärteten Betriebssystems ist es wichtig, beim Einsatz als Virtualisierungskomponente, einen stets aktuellen Hypervisor zu nutzen. Der Hypervisor ist die zentrale Verwaltung für die virtuellen Instanzen, die von den CSPs genutzt werden. Umgesetzt werden kann dieses z.B. mit einem gezielten Patchmanagement des Hypervisors. Nur wenn dieser stets aktuell gehalten wird, kann sich das Rechenzentrum vor einem Ausbrechen aus den isolierten einzelnen Instanzen, durch Schließung der Schwachstellen, schützen.

Des Weiteren ist auf den Servern des Rechenzentrums eine zentrale Überwachung mit Monitoring und Auditing Funktionen zu implementieren. Ergänzt wird die Überwachung durch Virenscanner, Firewall, IDS-und IPS-Systeme. Mithilfe dieser Systeme können Auffälligkeiten direkt registriert, aufgezeichnet und Gegenmaßnahmen eingeleitet werden. So kann z.B. ein IDS-System das unerlaubte „Springen" zwischen den Instanzen feststellen und erste Schritte einleiten. Diese Auffälligkeiten werden im Auditing geloggt und ggf. weitere Schritte eingeleitet.

Das Monitoring und das Auditing werden in Kapitel 4 näher erläutert und hier nicht weiter dargestellt. Die Funktionsweise von IDS-und IPS-Systemen mit dem Einsatz von eventuellen Fallen, sogenannten Honeypots, ist in [60] beschrieben.

Der Einsatz von Firewallsystemen zum Schutz z.B. vor Distributed Denial of Service (DDos)-Angriffen ist ein wichtiger Schutzmechanismus. Die einzusetzenden Firewallsysteme dienen dem allgemeinen Schutz des Rechenzentrums, z.B. bei dem Einsatz zur Kontrolle des Internetverkehrs des Rechenzentrums, oder dem zentralen Einsatz auf einem Server zur Zugriffsüberwachung der einzelnen VMs. Zur grafischen Darstellung sei hier noch einmal auf Abbildung 12 verwiesen, da diese die Absicherung durch eine zentrale Firewall auf der Serverkomponente gut darstellt.

Server-Sicherheit	Private			Public		
	B	C+	A+	B	C+	A+
Technische Maßnahmen zum Schutz des Hosts (Host Firewalls, regelmäßige Integritätsüberprüfungen, Host-based Intrusion Detection Systems)	✓			✓		
Sichere Grund-Konfiguration des Hosts (z. B. Einsatz gehärteter Betriebssysteme, Deaktivierung unnötiger Dienste, etc.)	✓			✓		
Möglichkeit, für Kunden eigene Images für virtuelle Maschinen einzusetzen oder qualitätsgesicherte Images des Providers zu nutzen (nur bei IaaS)	✓			✓		
Sichere Default-Konfiguration des Gastbetriebssystems durch den Einsatz gehärteter Betriebssysteme, Deaktivierung unnötiger Dienste, etc. (nur bei PaaS/SaaS)	✓			✓		
Einsatz zertifizierter Hypervisoren (Common Criteria mindestens EAL 4)		✓	✓		✓	✓

Abbildung 13 Serversicherheit [61]

---

[60] Vgl.: [Hül06]
[61] Abbildung nach [Bun11] S.28

Abbildung 13 zeigt einen Überblick über Maßnahmen, welche im Bereich der Serversicherheit getroffen werden sollten. Dieser Überblick dient als Empfehlung des BSI, kann aber auch, je nach Bedarf, zur Erhöhung der Sicherheit erweitert werden. Die einzelnen Buchstaben innerhalb der Abbildung stehen dabei für folgende Bezeichnungen: Der Buchstabe B steht hier für den Bereich Basisanforderung, das C+ für eine hohe Vertraulichkeit (Confidential high) und das A+ für eine hohe Verfügbarkeit (Availability high).

Ein weiterer Punkt im Bereich des Datenschutzes ist die Implementierung von Backupkonzepten zur Sicherung der Daten, welche unabhängig von der Backupstrategie des Kunden ist. Mithilfe von einem solchen Konzept können auch fehlende Backupkonzepte beim Kunden relativiert werden und erlauben eine schnelle Wiederherstellung der Daten, wenn es zu einem Verlust dieser kommt.

Des Weiteren sind die Kundendaten sicher zu isolieren, sodass niemand Zugriff auf diese erhalten kann. Dieses kann z.B. durch den Einsatz von Virtuellen Local Area Networks (VLAN) auf der Ebene der Switche passieren. Mithilfe dieser Technik können beispielsweise verschiedenen CSPs eigenen VLANs zugeordnet werden und somit eine virtuelle Isolierung der Daten auf der Ebene der Switche stattfinden. Eine Erläuterung und Funktionsweise der VLAN-Technologie ist unter [62] zu finden.

Abbildung 14 gibt einen Überblick über die Anforderungen an die Datensicherheit und fasst die genannten Maßnahmen zusammen.

Datensicherheit	Private			Public		
	B	C+	A+	B	C+	A+
Datensicherheit im Lebenszyklus der Kundendaten definieren und umsetzen	✓			✓		
Sichere Isolierung der Kundendaten (z. B. virtuelle Speicherbereiche, Tagging, etc.)	✓			✓		
Regelmäßige Datensicherungen, deren Rahmenbedingungen (Umfang, Speicherintervalle, Speicherzeitpunkte und Speicherdauer) für die Kunden nachvollziehbar sind	✓			✓		
Daten müssen auf Wunsch des Kunden vollständig und zuverlässig gelöscht werden	✓			✓		

Abbildung 14 Datensicherheit[63]

Zum Abschluss sei auf die Webseite [64] verwiesen, die eine Zusammenfassung über den Ablauf des Datenklaus von Sony im April 2011 beinhaltet. Der Datenklau als solches wurde über

---

[62] Vgl.: [Cis06]
[63] Abbildung nach: [Bun11] S.35

eine Schwachstelle in einem Hypervisor durchgeführt und hat somit einen direkten Bezug zur Virtualisierungstechnik und der Rechenzentrumssicherheit innerhalb des Buches. Dieses Beispiel soll aufzeigen, mit welchen Folgen ein Unternehmen zu rechnen hat, wenn der Sicherheit nur wenig Aufmerksamkeit geschenkt wird.

3.2.3 Technische Sicherheit

Die technische Sicherheit umfasst den Schutz der physikalischen Hardware vor unbefugtem Zugriff als auch den Schutz vor Naturgewalten wie Feuer und Wasser in einem Rechenzentrum. Des Weiteren geht es auch um den Schutz vor atomaren Angriffen und elektromagnetischem Impuls (EMP), da diese Bedrohung auch eine Rolle in verschiedenen Konflikten, z.B. zwischen einzelnen Staaten spielt und somit ein ganzes Rechenzentrum außer Betrieb gesetzt werden kann.

In Kanada hat die Firma Bastionshost bereits Pläne, ein Hochsicherheitsrechenzentrum zu bauen[65], welches den höchstmöglichen Anforderungen im Bereich des Schutzes vor den dargestellten Maßnahmen genügen soll.

Eine wichtige Grundlage für das Betreiben eines Rechenzentrums ist ein Brandschutzkonzept. Aufgrund der empfindlichen IT-Systeme ist der Einsatz von Gas-Löschmitteln unumgänglich, da andere Löschmittel, wie z.B. Wasser, mehr Schaden anrichten können, als der eigentliche Brand. So kann z.B. bei einem kleinen Kabelbrand der Einsatz von Wasserlöschmitteln dazu führen, dass durch Kurzschlüsse mehr Hardware ausfällt als die ursprünglich durch den Kabelbrand betroffene Hardware.

Bei einem Ausfall der Stromversorgung ist es unerlässlich, ein Notstromkonzept zu besitzen, welches die Klimatisierung sowie die IT für eine bestimmte Zeit aufrecht erhält. Ein Notstromkonzept sollte auch das ordentliche Herunterfahren der Server ermöglichen, damit ein Datenverlust verhindert werden kann. Teile eines Notstromkonzeptes können unterbrechungsfreie Stromversorgungen (USV), Notstromaggregate oder aber eigene Kraftwerke sein.[66].

Der Klimatisierung von Serverräumen ist ein hoher Stellenwert zu beizumessen, weil dem Ausfall der Klimatisierung unweigerlich der Ausfall der IT folgt und Hardwareschäden durch Überhitzung nicht ausgeschlossen sind. Für die Klimatisierung sind sowohl redundante Lösungen, zur Absicherung bei einem Ausfall, als auch speziell angepasste Lösungen, z.B. Flüssigkeitskühlung bei enormer Hitzeentwicklung, für das Rechenzentrum notwendig. Abbildung 15 zeigt eine grafische Einordnung der verschiedenen Klimatisierungsmodelle.

---

[64] Vgl.: [Log11]
[65] Vgl.: [Uli08]
[66] Vgl.: [Bit10] S.23

RZ Kategorie	Klimatisierung Serverschrank bis zu 5 kW	Klimatisierung Serverschrank ab 5 kW bis zu 30 KW	Rechenzentrum / Serverraum 500 bis zu 2500 Watt/qm	zulässige RZ Ausfallzeit*
A	Präzisionskühlung	Hochleistungskühlung bzw. Flüssigkeitskühlung Komplette Kalt-/Warmtrennung	Präzisionskühlung	72 h
B	Präzisionskühlung	Hochleistungskühlung bzw. Flüssigkeitskühlung, Rufbereitschaft Fachkraft, bei Schränken mit hoher Leistungsdichte ist eine Redundanz notwendig, USV-Unterstüzung für Ventilation, Komplette Kalt-/Warmtrennung	Präzisionskühlung, Rufbereitschaft Fachkraft	24 h
C	Präzisionskühlung mit redundanter Auslegung	Hochleistungskühlung bzw. Flüssigkeitskühlung, Redundante Auslegung, USV-Unterstüzung für Ventilation, Komplette Kalt-/Warmtrennung	Präzisionskühlung mit redundanter Auslegung	1 h
D	Präzisionskühlung mit redundanter Auslegung, USV-Unterstüzung	Hochleistungskühlung bzw. Flüssigkeitskühlung, Redundante Auslegung, USV-Unterstüzung für Ventilation, Komplette Kalt-/Warmtrennung	Präzisionskühlung mit redundanter Auslegung, USV-Unterstüzung für Ventilation	10 min
E	Präzisionskühlung mit redundanter Auslegung USV-Unterstüzung	Hochleistungskühlung bzw. Flüssigkeitskühlung, Redundante Auslegung, USV-Unterstüzung für Ventilation, Komplette Kalt-/Warmtrennung	Präzisionskühlung mit redundanter Auslegung USV-Unterstüzung für Ventilation Notkühlfunktionen über ein zusätzliches Klimasystem (z.B: Brunnenwasser, Stadtwasser, lüftungsanlage)	0 min

Abbildung 15 Klimatisierung eines Rechenzentrums[67]

Ein weiterer Punkt in der technischen Sicherheit ist die Zutrittsregelung, sowohl in ein Rechenzentrum als auch direkt zu den Serverräumen. Mithilfe der Zutrittsregelung, in Verbindung mit Personenschleusen, kann die Hardware vor direktem Fremdzugriff geschützt werden.

Ein weiterer Sicherheitsaspekt bei der technischen Sicherheit ist die Verfügbarkeit einer redundanten Internetanbindung. Diese ist von verschiedenen Providern zu nutzen, damit die Anbindung beim Ausfall von einem Provider nicht komplett ausfällt. Unterstützt werden kann dieses durch eine Satellitenstrecke oder einer Richtfunkstrecke zu einem entfernten Knotenpunkt zur Notfallabstützung beim Ausfall der Provider oder des Knotenpunktes.

Rechenzentrumsbetreiber können sich nach ISO27001[68] zertifizieren lassen, was Geschäftspartnern aufzeigt, dass der IT-Grundschutz berücksichtigt wurde. Der IT-Grundschutz, ist

---

[67] Abbildung nach: [Bit10] S.32

eine Basis von Sicherheitsmaßnahmen zur Absicherung der IT und wird in IT-Grundschutzkatalogen vom BSI beschrieben[69]. Des Weiteren gibt es verschiedene Möglichkeiten der Zertifizierung des Managementsystems eines Rechenzentrums, wie z.B. ITILv3[70]. Die Zertifizierung bezieht sich auf das Management des Rechenzentrums, welches unter anderem auch die Verfügbarkeit der verschiedenen Konzepte beinhaltet. Mithilfe solcher Zertifizierungen können Rechenzentrumsbetreiber nachweisen, dass diese ein gewisses Maß an Sicherheit gewährleisten können.

Einen detaillierten Leitfaden zum Betreiben eines betriebssicheren Rechenzentrums wurde von der BITKOM veröffentlicht.[71] Mithilfe dieses Leitfadens kann ein guter Überblick über die Anforderungen an ein Rechenzentrum, wie auch die Zertifizierungsmöglichkeiten für das Management, gewonnen werden. Abbildung 16 zeigt einen Überblick für die geforderte Rechenzentrumssicherheit in Verbindung mit dem genannten Leitfaden.

Rechenzentrumssicherheit	Private ⇨			Public ⇨		
	B	C+	A+	B	C+	A+
Redundante Auslegung aller wichtigen Versorgungskomponenten (Strom, Klimatisierung der RZ, Internetanbindung, Verkabelung, etc.)	✓			✓		
Überwachung des Zutritts: Zutrittskontrollsystem, Videoüberwachungssysteme, Bewegungssensoren, Sicherheitspersonal, Alarmsysteme, etc.	✓			✓		
Zwei-Faktor-Authentisierung für den Zutritt ins Rechenzentrum	✓			✓		
Brandschutz: Brandmeldeanlage, Brandfrüherkennung, geeignete Löschtechnik, regelmäßige Brandschutzübungen	✓			✓		
Robuste Infrastruktur, die ausreichenden Widerstand gegen Elementarschäden und unbefugtes Eindringen bietet	✓			✓		
Redundante Rechenzentren, die mindestens soweit voneinander entfernt sind, dass ein beherrschbares Schadensereignis nicht gleichzeitig das ursprünglich genutzte Rechenzentrum und das, in dem die Ausweichkapazitäten genutzt werden, beeinträchtigen		✓			✓	

Abbildung 16 Rechenzentrumssicherheit[72]

---

[68] Vgl.: [ISe11]
[69] Vgl.: [Bun08]
[70] Vgl.: [ITI11]
[71] Vgl.: [Bit10]
[72] Abbildung nach [Bun11] S.26

3.2.4 Zusammenfassung

Die Sicherheit im Rechenzentrum ist nicht einfach zu realisieren, sie ist aber trotzdem zwingend nötig. Nur wenn der Rechenzentrumsbetreiber ein eigenes hohes Sicherheitsniveau implementiert hat und dieses aktuell hält, haben Sicherheitsmechanismen, welche z.B. in den einzelnen Cloud-Instanzen eingesetzt werden, einen erfolgversprechenden Nutzen.

Wenn sich ein Rechenzentrumsbetreiber auf das betreiben des Rechenzentrum alleine spezialisiert und seine Server vermietet, kann er sich auf die eigenen Sicherheitsmechanismen konzentrieren und somit seine Effizienz steigern.

Mit einem aktuellen Patchmanagement der Sicherheitssysteme und dem Einsatz einer gut organisierten Überwachung hat ein Rechenzentrum auf eine gute Basis zum sicheren Betreiben eines Rechenzentrums gelegt. Diese Basis kann durch Zertifizierungen, dauerhafte Anpassung der Konzepte an die aktuellen Gegebenheiten und Schulung des Personals stetig erweitert werden.

Eine 100%ige Sicherheitslösung gibt es nicht, da zwischen der Entdeckung von Schwachstellen und deren Beseitigung immer ein gewisses Zeitfenster liegt, das für einen Angriff genutzt werden kann. Das Zeitfenster gilt es so gering wie möglich zu halten, indem entdeckte Lücken in der eingesetzten Software zügig durch ein gezieltes Patchmanagement, behoben werden. Eine Möglichkeit des Aufspürens von Sicherheitslücken kann dahingehend realisiert werden, indem Hacker beauftragt werden, Sicherheitslücken im System zu finden und diese dem Rechenzentrumsbetreiber mitzuteilen. Diese Lösung hat z.B. Google im November 2010 gewählt um Sicherheitslücken in seinen Webdiensten aufzuspüren.[73]

Ein Schwachpunkt eines Rechenzentrums kann die geographische Lage sein. Sollte vor dem Bau des Rechenzentrums die Gefahr von Naturkatastrophen nicht ausreichend beachtet worden sein, kann eine solche Naturkatastrophe ein Rechenzentrum in seiner Existenz gefährden. So kann beispielsweise ein starkes Erdbeben oder ein Tsunami ein Rechenzentrum Problemlos zerstören.

Der CSP kann sich mithilfe des Leitfadens der BITKOM [74] auch einen Überblick über das Rechenzentrum verschaffen, da er die einzelnen Punkte überprüfen kann, insoweit der Rechenzentrumsbetreiber dies zulässt, und somit einen Überblick über das Sicherheitsniveau in dem Rechenzentrum erhält.

---

[73] Vgl.: [Tec10]
[74] Vgl.: [Bit10]

3.3 Schutz der Cloud-Instanz

Dieses Kapitel befasst sich mit dem Schutz der Cloud-Instanz. Dabei ist zwischen der Sicht des Cloud Service Providers (CSP) und dem Cloud-Kunden zu unterscheiden. Der CSP hat seine Aufgaben im Schwerpunkt bei der Sicherung der Instanz und dem Bereitstellen eines sicheren Zugriffs auf diese.

Der Kunde ist dahingehend verantwortlich, dass er den bereitgestellten sicheren Zugriff nutzt. Des Weiteren ist er verantwortlich für die Sicherheit der Endgeräte mit welchen auf die Cloud Instanz zugegriffen wird.

Innerhalb des Kapitels werden beide Sichten beleuchtet und aufbauend auf den in Kapitel 3.2 vorgestellten Maßnahmen weiter forciert.

3.3.1 Einsatzgebiet

Das hier dargestellte Einsatzgebiet bezieht sich sowohl auf die virtuelle Cloud-Instanz, als auch auf den Nutzer mit seinem Endgerät. Unterschieden wird indes nicht, ob die Cloud-Instanz in der Private- oder Public Cloud liegt, da dieses aus sicherheitstechnischer Sicht nicht relevant ist. Die sicherheitstechnische Relevanz bezieht sich darauf, dass innerhalb einer Private- und einer Public Cloud dieselben Maßnahmen zur Absicherung getroffen werden müssen und dadurch keine Unterscheidung erfolgt.

Wichtig ist, dass das Einsatzgebiet nicht nur die Cloud-Instanz selbst ist, sondern sich auch auf den Nutzer mit seinem Endgerät bezieht. Hiermit sind sowohl der sorgfältige Umgang mit Nutzerkonten und Passwortrichtlinien gemeint, wie auch eine Sensibilisierung der Nutzer in Bezug auf ihre Nutzerdaten. Des Weiteren ist die Nutzung eines nicht sicheren Endgeräts, z.B. eines Computers, der nicht mit Sicherheitssoftware ausgestattet ist und über das Internet auf die Instanz zugreift, eine potenzielle Gefahr für die Cloud-Instanz. Hier wäre beispielsweise möglich, dass sich der Computer mit einem Trojaner infiziert und alle Daten mitliest welche zwischen dem Endgerät und der Cloud-Instanz ausgetauscht werden.

Weil das Einsatzgebiet sich auch auf den Endkunden erstreckt, ist die Nutzung von einer verschlüsselten Verbindung mit einzubeziehen. Das Thema der Verschlüsselung wird in Kapitel 3.4 näher erläutert.

3.3.2 Verantwortung und deren Grundlagen

Die Verantwortung beim Schutz der Daten in der Cloud-Instanz obliegt grundlegend dem Kunden. Dies bezieht sich darauf, dass der Kunde die Verantwortung für den Schutz seiner Daten hat und somit die Instanz zu schützen hat. Mithilfe der Vertragsgestaltung kann sich der Kunde die Verantwortung über die Sicherheitsmechanismen zusichern lassen und somit seiner gesetzlichen Pflicht nachkommen.

Dabei ist zu beachten, dass der Kunde die Verantwortung nicht übertragen kann. Er kann sich lediglich vertraglich Maßnahmen zusichern lassen, die der Einhaltung der Sicherheit dienen. Sollte der CSP gegen diese Maßnahmen verstoßen, sind dementsprechende Vertragsstrafen fällig und der Kunde für die Nachbesserung verantwortlich. Dieses kann er z.B. tun, indem er den CSP wechselt oder ihm eine gewisse Zeit zur Nachbesserung gibt. Vertragsstrafen und die genauen Maßnahmen sind bei der Vertragsgestaltung festzulegen, damit beim Eintritt eines Schadens die Verantwortlichkeiten klar geregelt sind.

Die Sicherheit des Endgerätes obliegt komplett dem Kunden. Diese wird hier nicht ausführlich erwähnt, sondern es wird lediglich im nächsten Kapitel auf ein mögliches Rollen/Rechte-Konzept verwiesen, um eine Möglichkeit zur Umsetzung aufzuzeigen. Sollte beispielsweise innerhalb eines kleinen Unternehmens keine Fähigkeit zur Absicherung der Endgeräte vorhanden sein, empfiehlt es sich eine externe IT-Firma mit diesem zu beauftragen.

Bei der Vertragsgestaltung sind die in Kapitel 3.2.2 genannten Gesetze sowie das BDSG zu beachten. Auf welche Schwerpunkte in einem solchen Vertrag zu achten ist, wird in Kapitel 5 genauer erläutert.

3.3.3 Datenschutz

Der Datenschutz der eigenen Cloud-Instanz bezieht sich auf die softwareseitigen Schutzmechanismen innerhalb der Cloud-Instanz und der Kommunikation zwischen dieser und dem Kunden.

Angefangen auf der Nutzerebene, ist ein Rollen/Rechte-Konzept für die Anwendung unerlässlich. Nur mithilfe eines solchen Konzeptes kann erreicht werden, dass eigene Mitarbeiter nur den Inhalt sehen, welcher für sie bestimmt sind und keine Einsicht in alle Unternehmensbereiche erhalten. Des Weiteren kann so bei einem Verlust der Zugangsdaten schnell reagiert werden bzw. ist der unbefugte Zugriff durch das Konzept auf den jeweiligen Nutzer eingeschränkt.

Ein mögliches Nutzerkonzept, das Microsoft für seine Active Directory (AD) Struktur entworfen hat, ist die Accounts, Global, Domain, Local, Permission (AGDLP) Strategie, auch bekannt unter Role Based Access Controls (RBAC) Strategie, welche sich aber vom Grundprinzip auf viele andere Softwareprodukte übertragen lässt. Eine Erläuterung zu dieser Strategie ist unter [75] zu finden.

Ein wesentlicher Aspekt des Datenschutzes bei der eigenen Cloud-Instanz ist die Backupstrategie. Die Backupstrategie ist unabhängig von der des Rechenzentrumsbetreibers und ihr sollte eine große Bedeutung zukommen. Die Bedeutung der Backupstrategie sollte dadurch hoch bemessen sein, da z.B. Unternehmen eine Nachweispflicht gegenüber allen steuerrelevanten Daten haben und deren Verlust zu Problemen mit den Finanzbehörden führt.

Die Backupstrategie erlaubt sowohl die Verhinderung eines Datenverlusts von steuerrelevanten Daten als auch die Sicherheit der Kundendaten.

---

[75] Vgl.: [Mic111]

Bei dem Einsatz von Backupservices in der Cloud, wie z.B. Amazons Simple Storage Service (S3) ist es zwingend erforderlich, die Daten zu verschlüsseln, damit diese vor Fremdzugriff geschützt sind. Bei einem solchen Backupservice ist es zu empfehlen, dass eine redundante Lösung mit einem anderen Rechenzentrum und ggf. anderen CSP geschaffen wird. Diese Maßnahme trägt dazu bei, dass bei einem Rechenzentrumsausfall die Daten nicht verloren sind.

Des Weiteren ist ein Schlüsselmanagement bei dem Einsatz der Verschlüsselungstechnik unumgänglich, da ein Verlust des privaten Schlüssels die Daten unbrauchbar machen kann. Mehr Informationen für den Einsatz von Verschlüsselungssystemen und des Schlüsselmanagements werden in Kapitel 3.4 dargestellt und erläutert.

Ein weiterer wichtiger Punkt zum Schutz der eigenen Cloud-Instanz ist die sichere Kommunikation zwischen dem Kunden und der Cloud-Instanz. Die Technik, die zum Einsatz kommt, unterscheidet sich von dem Programm, mit dem auf die Anwendung zugegriffen wird. Wenn z.B. über einen Webbrowser zugegriffen wird, kommt das Hypertext Transfer Protocol Secure (https) zum Einsatz, dass die verschlüsselte Kommunikation über das Internet erlaubt. Beim Zugriff auf die Konsole kommt z.B. die Secure Shell (SSH) zum Einsatz, die das unverschlüsselte Protokoll Telnet abgelöst hat.

Ziel dieser Protokolle ist die verschlüsselte Kommunikation, damit die Daten während der Verbindung nicht mitgelesen werden können. Die Funktionsweise dieser Techniken wird in Kapitel 3.4 erläutert.

Der Einsatz von zusätzlichen Firewall-Systemen zur Absicherung der Cloud-Instanz ist empfehlenswert. Hierbei sind sowohl Firewall-Lösungen in der Cloud-Instanz selbst zu wählen, als auch Firewall-Lösungen in der Infrastruktur, aus welcher auf die Cloud-Instanz zugegriffen wird. Eine mögliche Lösung für den Einsatz der Firewall-Lösung mithilfe der Cloud-Technik wird in der Anlage B dargestellt.

Abschließend kann zum Datenschutz gesagt werden, dass der Cloud-Kunde seinen Schwerpunkt bei der Sicherheit nicht nur im Rechenzentrum, sondern auch seine eigene Infrastruktur auf einem hohen Sicherheitsniveau zu halten bzw. zu bringen hat. Nur wer für die Sicherheit im Rechenzentrum, der eigenen Infrastruktur und der Kommunikation zwischen diesen Seiten sorgt, kann gewährleisten, dass seine Daten geschützt sind.

3.3.4 Technische Sicherheit

Im Bereich der technischen Sicherheit gibt es nur wenige Faktoren die Beachtung finden, vorausgesetzt, dass die Maßnahmen aus Kapitel 3.2 umgesetzt wurden.

Ein wesentlicher Punkt der technischen Sicherheit ist die redundante Anbindung des Internetanschlusses zur Cloud-Instanz. Auch hier sind, ähnlich der Internetanbindung des Rechenzentrums, verschiedene Telekommunikationsanbieter zu wählen, um die Ausfallsicherheit zu erhöhen. Möglich ist auch der Einsatz einer Satellitenverbindung als Backuplösung für den Fall, dass das örtliche Telefonnetz Störungen aufweist.

Ein weiterer Faktor ist die Sicherheit am Arbeitsplatz. So sind die Mitarbeiter für den Umgang mit den Nutzerdaten und der Nutzung der IT zu sensibilisieren. Eine Lösungsmöglichkeit wäre hier, dass Unternehmen einen IT-Sicherheitsbeauftragten ausbilden lassen, der dann die Mitarbeiter schult. Unter [76] werden Maßnahmen aufgezeigt, welche einen hohen Nutzen versprechen, es wird empfohlen, diese für die Erreichung eines hohen Sicherheitsstandards, umzusetzen.

Des Weiteren ist auch die IT-Infrastruktur, auch wenn diese sehr klein ist, vor Fremdzugriff zu schützen. Es ist zu verhindern, dass die Hardware frei zugänglich ist und auch hier eine Zutrittskontrolle erfolgt. Bei Komponenten, die außerhalb von Serverräumen liegen, z.B. Switche, sind diese so zu konfigurieren, dass ein „einfaches Anstecken" an einen Port zu keinem Zugriff sowohl auf das Gerät als auch auf die eigene IT-Infrastruktur führt.

Eine Möglichkeit zum Schutz vor dem Ausfall der eigenen Cloud-Instanz, wie es bei Amazon geschah[77], ist die Nutzung verschiedener Zonen und somit eine redundante Auslegung der eigenen Cloud-Instanz. Amazon selbst bietet verschiedene Zonen auf unterschiedlichen Kontinenten an. Bei der Nutzung von verschiedenen Zonen sind die juristischen Aspekte, die in Kapitel 5 genauer dargestellt werden, zwingend zu beachten. Abbildung 17 zeigt die verschiedenen Zonen, die Amazon zur Verfügung stellt und in welchem Land das Rechenzentrum liegt.

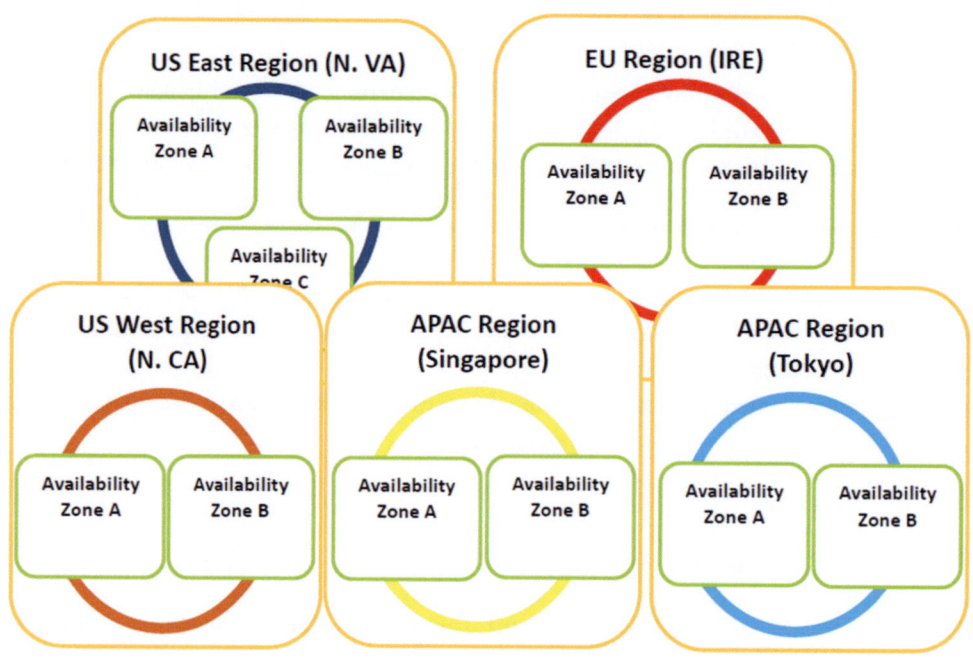

Abbildung 17 Amazon Zonen[78]

---

[76] Vgl.: [Bun09]
[77] Vgl.: [Kue11]
[78] Abbildung nach [Ama111] S.9

3.3.5 Zusammenfassung

Sicherheit im Rechenzentrum alleine ist nicht ausreichend für die sichere Nutzung des Cloud Computings. Nur wer seine eigene IT-Infrastruktur, Cloud-Instanz und die Verbindung zu dieser absichert, kann sich vor fremden Zugriffen schützen. Es reicht nicht aus, nur eine der Komponenten abzusichern und den Rest zu vernachlässigen. Dies führt unweigerlich dazu, dass alle getroffenen Sicherheitsmaßnahmen überflüssig werden, weil ein Angreifer immer versucht von verschiedenen Seiten aus anzugreifen und somit die Schwachstelle schnell findet.

Ist in einem Unternehmen das Wissen über den Einsatz von Sicherheitstechniken nicht vorhanden, so ist eine Firma mit der Erstellung und Umsetzung des Sicherheitskonzeptes zu beauftragen. Des Weiteren ist ein Pflege- und Wartungsvertrag abzuschließen, damit dieses aktuell gehalten werden kann. Die Pflege und Wartung kann z.B. in einem Service Level Agreement (SLA) vereinbart werden.

Es ist nicht ausreichend einmal die Sicherheitsanwendungen zu installieren und diese über einen längeren Zeitraum ohne jegliche Pflege- und Update-Services zu betreiben. Nur mithilfe dieser Services ist garantiert, dass die Sicherheitsmechanismen ein hohes Sicherheitsniveau halten.

Abbildung 18 zeigt eine Übersicht, welche Maßnahmen für eine sichere Kommunikation zwischen Kunde und Cloud-Instanz empfohlen werden. Diese Abbildung ist eine Empfehlung des BSI und kann bei Bedarf erweitert werden, um die Sicherheit noch weiter zu erhöhen. In Verbindung mit der Abbildung 13, Abbildung 14 und Abbildung 16 ergibt dieses einen ersten Überblick über die zu treffenden Maßnahmen, die für die Herstellung eines hohen Sicherheitsniveaus und somit einer sicheren Nutzung des Cloud Computings notwendig sind.

Netzsicherheit	Private			Public		
	B	C+	A+	B	C+	A+
Sicherheitsmaßnahmen gegen Malware (Virenschutz, Trojaner-Detektion, Spam-Schutz, etc.)	✓			✓		
Sicherheitsmaßnahmen gegen netzbasierte Angriffe (IPS/IDS-Systeme, Firewall, Application Layer Gateway, etc.)		✓	✓	✓		
DDoS-Mitigation (Abwehr von DDoS-Angriffen)			✓	✓		
Geeignete Netzsegmentierung (Isolierung des Management-Netzs vom Datennetz)	✓			✓		
Sichere Konfiguration aller Komponenten der Cloud-Architektur	✓			✓		
Fernadministration durch einen sicheren Kommunikationskanal (z. B. SSH, IPSec, TLS/SSL, VPN)	✓			✓		
Verschlüsselte Kommunikation zwischen Cloud Computing Anbieter und Cloud Computing Nutzer (z. B. TLS/SSL)	✓			✓		
Verschlüsselte Kommunikation zwischen Cloud Computing Standorten	✓			✓		
Verschlüsselte Kommunikation mit Drittdienstleistern, falls diese für das eigene Angebot notwendig sind	✓			✓		
Redundante Vernetzung der Cloud-Rechenzentren		✓				✓

Abbildung 18 Überblick über Schutzmaßnahmen[79]

Zum Abschluss von Kapitel 3.3 ist noch auf eine Sicherheitsanalyse von Cloud Management-Schnittstellen zu verweisen, welche sich auf eine Public Cloud von Amazon und eine Private Cloud, welche mit der Software Eucalyptus realisiert wurde, beziehen. Diese Analyse der Schnittstellen kann unter [80] nachgelesen werden und zeigt eine mögliche Herangehensweise für einen Angriff auf eine Cloud Infrastruktur. Durch das verstehen der Herangehensweise eines Angriffes ist es leichter, einzelne Sicherheitsmechanismen zu implementieren und somit das Sicherheitsniveau innerhalb der Cloud Instanz zu erhöhen.

---

[79] Abbildung nach [Bun11] S.31
[80] Vgl.: [Sch11]

3.4 Verschlüsselungssysteme

Verschlüsselungssysteme kommen in verschiedenen Bereichen des Cloud Computings zum Einsatz. Die einzelnen Bereiche umfassen die Kommunikation zwischen dem Kunden und dem Anbieter, die Archivierung von Daten und die Authentifizierung des Kunden beim CSP.

Es ist erforderlich auf verschiedene Verfahren der Verschlüsselung zurückzugreifen, da eine ungesicherte Kommunikation sowohl gesetzliche Folgen hat als auch die Daten des Kunden für jeden einsehbar sind. Die gesetzlichen Folgen resultieren daraus, dass bei einer ungesicherten Kommunikation die Daten abgefangen und manipuliert werden können und somit z.B. steuerrelevante Daten nicht mehr korrekt sind.

Zu Beginn des Kapitels wird die grundlegende Funktionsweise der verschiedenen Verschlüsselungssysteme und -verfahren erklärt. Des Weiteren wird eine Einordnung der Verfahren vorgenommen, von wo aus welche Verschlüsselungssysteme zum Einsatz kommen und auf welchem Verfahren diese aufbauen. Des Weiteren wird, beispielhaft an einer Public-Key-Infrastruktur (PKI), der Einsatz von Zertifikaten erläutert.

Anschließend werden verschiedene Einsatzszenarien aufgezeigt, in denen die Verschlüsselung verwendet wird. Hierbei wird speziell auf die Kommunikation zwischen dem CSP und dem Kunden eingegangen, da diese der Einsatzschwerpunkt der Verschlüsselungssysteme innerhalb des Cloud Computing ist.

Abschließend wird auf das Schlüsselmanagement eingegangen, dem häufig nur eine untergeordnete Rolle zugewiesen wird, obwohl es eine entscheidende Funktion hat. Das Schlüsselmanagement hat seinen Schwerpunkt in der Verwaltung der Schlüsselpaare sowie beim Einsatz von Zertifikaten.

3.4.1 Funktionsweise

Grundlegend gibt es in der Verschlüsselung drei Verfahren. Dies ist zum einem die schnellere symmetrische und zum anderen die langsamere asymmetrische Verschlüsselung. Das dritte Verfahren, die hybride Verschlüsselung, basiert auf den beiden erstgenannten Verfahren und kombiniert deren Stärken.

Zum Einsatz kommen verschiedene Schlüsselarten und -längen innerhalb der Verfahren. Unterschieden wird zwischen dem privaten Schlüssel und dem öffentlichen Schlüssel. Die Bezeichnung privater Schlüssel wird in manchen Literaturquellen auch als geheimer Schlüssel bezeichnet, welches die gleiche Funktion hat und somit auch die gleiche Bedeutung.

Der Einsatz der verschiedenen Schlüssel und Funktionen werden in den nachfolgenden Unterkapiteln genauer dargestellt.

Am Ende des Kapitels wird noch kurz auf die Funktionsweise von Zertifikaten am Beispiel einer Public-Key-Infrastructure (PKI), eingegangen, da dieses ein Verfahren ist, dass zurzeit immer mehr an Bedeutung gewinnt und die Verschlüsselungsverfahren mit einbindet.

3.4.1.1 Symmetrische Verschlüsselung

Die symmetrische Verschlüsselung setzt sich aus zwei Methoden zusammen, um eine sichere Verschlüsselung bereitzustellen. Zum einen sind es die Chiffriermethoden, die sich i, Blockweise und Zeichenweise, auch bekannt als Stromchiffre, unterteilen und zum anderen ist es die Schlüssellänge, die für die Anzahl an möglichen Schlüsseln in Bit steht.

Bei der blockweisen Chiffrierung wird der Datenstrom in gleichgroßen Blöcken chiffriert, bei der Zeichenweisechiffrierung jedes einzelne Zeichen. Die Blockchiffrierung arbeitet langsamer als die Stromchiffrierung, da diese immer erst die volle Länge des Blockes abwarten muss. Sollten nicht mehr genügend Bits vorhanden sein, wird der Block durch Füll-Bits aufgefüllt.

Bei der symmetrischen Verschlüsselung wird für die Ver- und Entschlüsselung derselbe private Schlüssel verwendet. Durch die Verwendung desselben Schlüssels ist die Übertragung des Schlüssels zum Empfänger die größte Schwachstelle der symmetrischen Verschlüsselung. Eine Übertragung des Schlüssels kann auf einer anderen gesicherten Verbindung übertragen werden oder aber exportiert werden und z.B. per USB-Stick an den Empfänger vorher persönlich übergeben werden.

Ein Vorteil ist, dass die Verschlüsselung mittels der symmetrischen Verschlüsselung sehr ressourcensparend ist. Der verwendete Algorithmus der symmetrischen Verschlüsselung erlaubt es, mithilfe eines geringen Ressourceneinsatzes die Daten schnell zu verschlüsseln.

Heutzutage kommt die reine symmetrische Verschlüsselung aufgrund des großen Aufwandes zum Austausch des privaten Schlüssels bei der Kommunikation eher selten zum Einsatz. Häufiger hingegen kommt die symmetrische Verschlüsselung in Kombination mit der asymmetrischen Verschlüsselung vor und unter dem Namen hybride Verschlüsselung bekannt ist. Dieses Verfahren wird in Kapitel 3.4.1.3 näher erläutert.

Abbildung 19 zeigt, wie die symmetrische Verschlüsselung schematisch funktioniert. Der Austausch des privaten Schlüssels wird in der Abbildung nicht näher spezifiziert, da es dort viele verschiedene Möglichkeiten gibt.

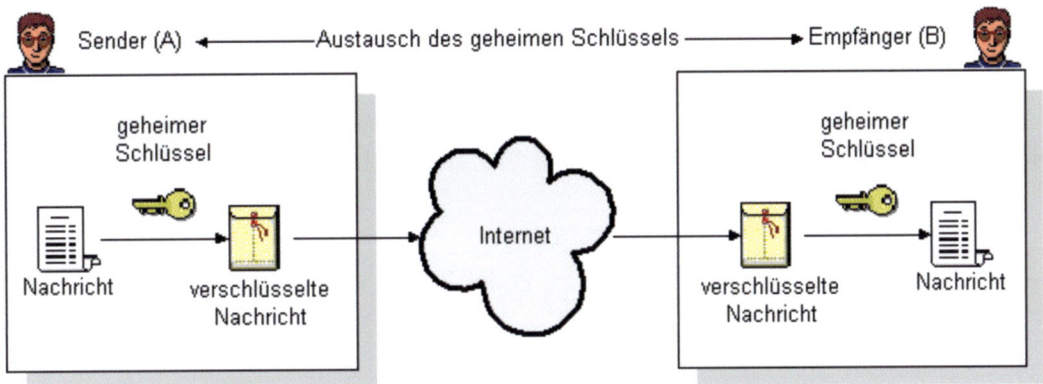

Abbildung 19 Symmetrische Verschlüsselung [81]

3.4.1.2 Asymmetrische Verschlüsselung

Das asymmetrische Verfahren, auch bekannt als Public-Key-Verfahren, beruht auf der Basis eines zusammengehörenden Schlüsselpaars.

Ein Schlüsselpaar besteht aus einem privaten und einem öffentlichen Schlüssel. Der Vorteil gegenüber dem symmetrischen Verfahren ist, dass der öffentliche Schlüssel zwischen Sender und Empfänger auch über nicht verschlüsselte Medien übertragen werden kann, da mit diesem die Nachricht nicht entschlüsselt werden kann. Der öffentliche Schlüssel wird vor der Übertragung vom Empfänger an den Sender übergeben, damit dieser mit dem öffentlichen Schlüssel die Nachricht verschlüsseln kann. Der öffentliche Schlüssel kann nur zum Verschlüsseln genommen werden und der private nur zum Entschlüsseln.

Ein Nachteil dieses Verfahrens ist die Zuordnung der beiden Schlüssel zu einem Schlüsselpaar. Das Problem entsteht deshalb, weil es keine formale Bindung des öffentlichen Schlüssels an den privaten Schlüssel gibt. Das Problem der Zuordnung des Schlüsselpaares zueinander kann z.B. mithilfe eines Zertifikates einer vertrauenswürdigen Stelle gelöst werden. Die Lösung mithilfe von Zertifikaten wird in Kapitel 3.4.1.4 aufgezeigt.

Nachteile des asymmetrischen Verfahrens sind eine hohe Rechenzeit sowie ein erhöhter Aufwand gegenüber der symmetrischen Verschlüsselung. Der hohe Aufwand entsteht dadurch, dass für jeden Empfänger ein individuelles Schlüsselpaar generiert und dieses ausgetauscht wird. Des Weiteren nimmt die Verwaltung der Schlüsselpaare mit ansteigender Nutzeranzahl auch mehr Ressourcen in Anspruch.

Der wesentliche Vorteil des asymmetrischen Verfahrens ist die hohe Sicherheit durch die „Einweg"-Funktion der Schlüssel. Die „Einweg"-Funktion ist die Möglichkeit, dass die Schlüssel nur verschlüsseln bzw. entschlüsseln können und dadurch einem Angreifer nicht die

---

[81] Abbildung nach [Lau10]

Möglichkeit bieten, mit dem abgefangenen öffentlichen Schlüssel die Nachricht zu entschlüsseln.[82]

Abbildung 20 stellt den Ablauf der asymmetrischen Verschlüsselung zum besseren Verständnis schematisch da.

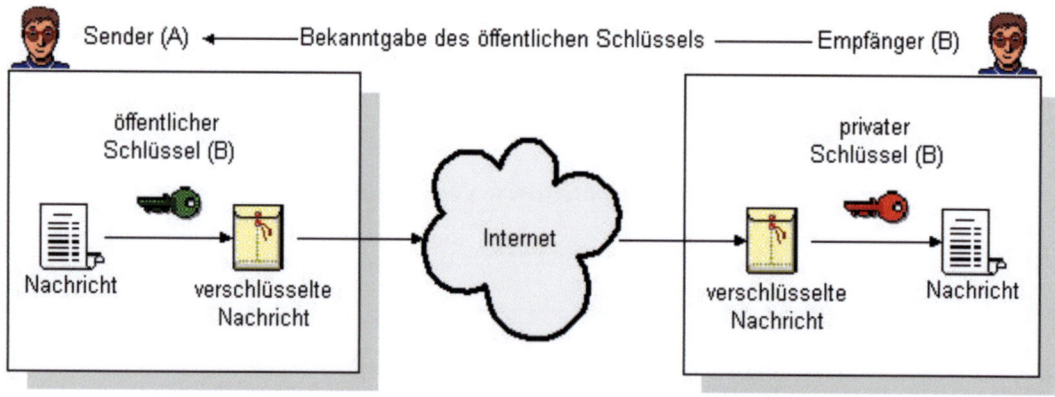

Abbildung 20 Asymmetrische Verschlüsselung[83]

Die asymmetrische Verschlüsselung kann nicht nur für die reine Verschlüsselung von Nachrichten genutzt werden, sondern es ergibt sich die Möglichkeit, mithilfe dieses Verfahrens eine Authentifizierung durchzuführen, die nachstehend erläutert wird.

Zu Beginn tauschen der Sender und Empfänger die öffentlichen Schlüssel untereinander aus. Im Anschluss verschlüsselt der Sender die Nachricht mit seinem privaten Schlüssel und anschließend noch einmal mit dem öffentlichen des Empfängers. Beim Empfänger angekommen wird dieser die Nachricht zuerst mit seinem privaten Schlüssel und dann noch einmal mit dem öffentlichen des Senders entschlüsseln.[84]

Dies ist eine aufwändige, aber sichere Methode zur Authentifizierung. Diese ist nur erfolgreich, wenn der öffentliche Schlüssel auf beiden Seiten der richtige ist und somit die Authentifizierung erfolgreich beendet wird.

Abbildung 21 zeigt den Ablauf der Authentifizierung mithilfe der asymmetrischen Verschlüsselung grafisch Aufbereitet.

---

[82] Vgl.: [Hau06]
[83] Abbildung nach [Lau101]
[84] Vgl.: [Lau101]

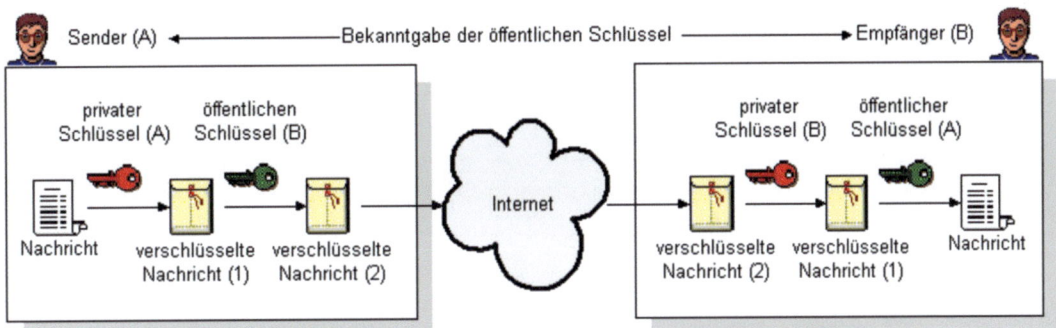

Abbildung 21 Authentifizierung mit asymmetrischer Verschlüsselung[85]

3.4.1.3 *Hybride Verschlüsselung*

Die hybride Verschlüsselung verbindet die Vorteile der symmetrischen und asymmetrischen und ist so zu einem der am häufigsten genutzten Verfahren geworden.

Bei der hybriden Verschlüsselung kommt wie bei der asymmetrischen Verschlüsselung, ein Schlüsselpaar zum Einsatz, dass aber leicht abgeändert ist. Der geheime Schlüssel wird für jede Sitzung neu erstellt und daher auch Session Key genannt. Der öffentliche Schlüssel wird nur einmal generiert und bleibt dann unverändert.

Zum Beginn des Verfahrens wird auf beiden Seiten ein Schlüsselpaar generiert, anschließend wird der öffentliche Schlüssel des Empfängers an den Sender, wie bei der asymmetrischen Verschlüsselung übermittelt. Nachdem die Nachricht mit dem geheimen Schlüssel des Senders symmetrisch verschlüsselt wurde, wird der private Schlüssel des Senders, mithilfe des öffentlichen Schlüssels des Empfängers, asymmetrisch verschlüsselt. Der verschlüsselte geheime Schlüssel und die Nachricht werden nun an den Empfänger übertragen. Dieser entschlüsselt mithilfe seines privaten Schlüssels den geheimen Schlüssel des Senders. Nun kann der Empfänger mithilfe des geheimen Schlüssels des Senders die Nachricht entschlüsseln und die Übertragung kann erfolgreich beendet werden.[86]

Nach Beendigung einer Sitzung verfällt der geheime Schlüssel und wird bei einer neuen Sitzung Neu generiert. Diese Funktion steigert die Sicherheit bei diesem Verfahren, weil bei einem Verlust des geheimen Schlüssels nur die eine Sitzung gefährdet ist und nicht jede weitere Sitzung.

Das hybride Verfahren erlaubt, durch die Kombination von symmetrischen und asymmetrischen Verschlüsselungsverfahren, eine schnelle Kommunikation, da nur der geheime Schlüssel mit dem langsamen asymmetrischen Verfahren verschlüsselt wird und die Nachricht, egal welche Größe, mit dem schnellen symmetrischen Verfahren.[87]

---

[85] Abbildung nach [Lau101]
[86] Vgl.: [Lau102]
[87] Vgl.: [Lau102]

Abbildung 22 stellt den Ablauf der Verschlüsselung grafisch dar und gibt so einen Überblick über den Ablauf der hybriden Verschlüsselung.

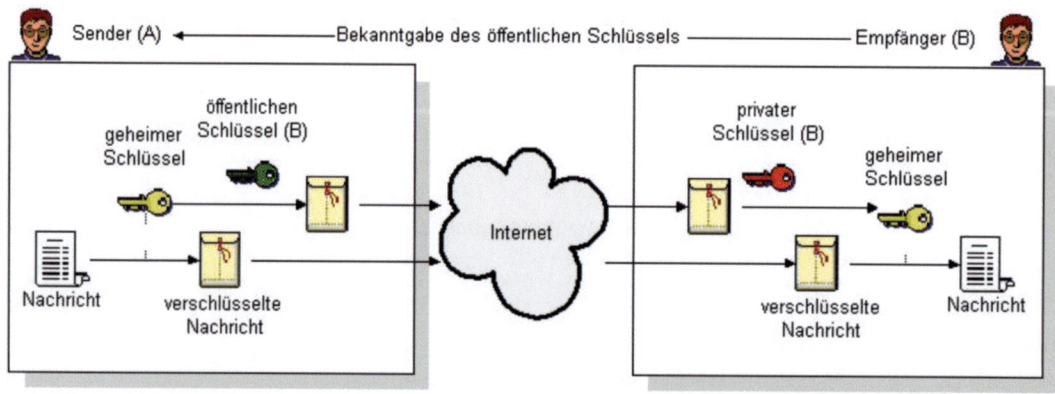

Abbildung 22 Hybride Verschlüsselung[88]

3.4.1.4 Zertifikate am Beispiel einer hierarchischen Public-Key-Infrastruktur (PKI)

Zertifikate werden sowohl bei der asymmetrischen sowie bei der hybriden Verschlüsselung z.B. zur Identifizierung des Schlüsselpaares eingesetzt.

Ziel ist es, mithilfe eines Zertifikates nachzuweisen, dass der öffentliche Schlüssel zum privaten Schlüssel gehört und hiermit die Authentifizierung des Schlüsselpaares erfolgt.

Es gibt noch die Möglichkeit einer Web-of-Trust-Zertifizierung, die aber nicht so häufig eingesetzt wird. Eine Web-of-Trust-Zertifizierung beruht auf dem Prinzip, wenn eine mir vertraute Person jemanden kennt und dieser Person Vertraut so vertraue auch ich dieser Person.

Zertifikate können sinnbildlich in die reale Welt übertragen werden und mit dem deutschen Personalausweis verglichen werden. Tabelle 1 zeigt sowohl die wichtigsten Bestandteile eines Zertifikates sowie einen Vergleich mit dem Personalausweis.

---

[88] Abbildung nach [Lau]

Tabelle 1 Vergleich Zertifikat mit dem Personalausweis[89]

Digitales Zertifikat	**Personalausweis**
Vor- und Nachname des Eigentümers	Vor- und Nachname des Eigentümers
Ausstellende Behörde	Ausstellende Behörde
Gültigkeitsdatum	Gültigkeitsdatum
Identifizierungsnummer	Personalausweisnummer
Privater und öffentlicher Schlüssel	Eigene Unterschrift

Die Ausstellung des Zertifikats in einer PKI-Struktur hat folgenden Ablauf: Zuerst wird bei der lokalen Registration Authority (RA) das Zertifikat vom Nutzer beantragt. Die RA kann z.B. ein Windows Server Betriebssystem sein auf dem Zertifikatsdienste installiert sind. Diese prüft die Identität des Nutzers anhand der bei ihm vorhandenen Daten, die z.B. in einem Lightweight Access Directory Protocol (LDAP) Verzeichnisdienst liegen. Nach erfolgreicher Prüfung der Daten gibt der Verzeichnisdienst die Daten an die Certification Authority (CA) weiter, welche dann das Zertifikat im Zertifikats- und Sperrlistenverzeichnisdienst veröffentlicht. Nach der Veröffentlichung durch die CA können Anwendungen auf den Verzeichnisdienst zugreifen und die Echtheit des Zertifikates prüfen.[90]

---

[89] Abbildung nach: [Ken04] S. 5
[90] Vgl.: [Ken04] S.6

Abbildung 23 zeigt den Ablauf einer Zertifikatsausstellung in grafischer Form.

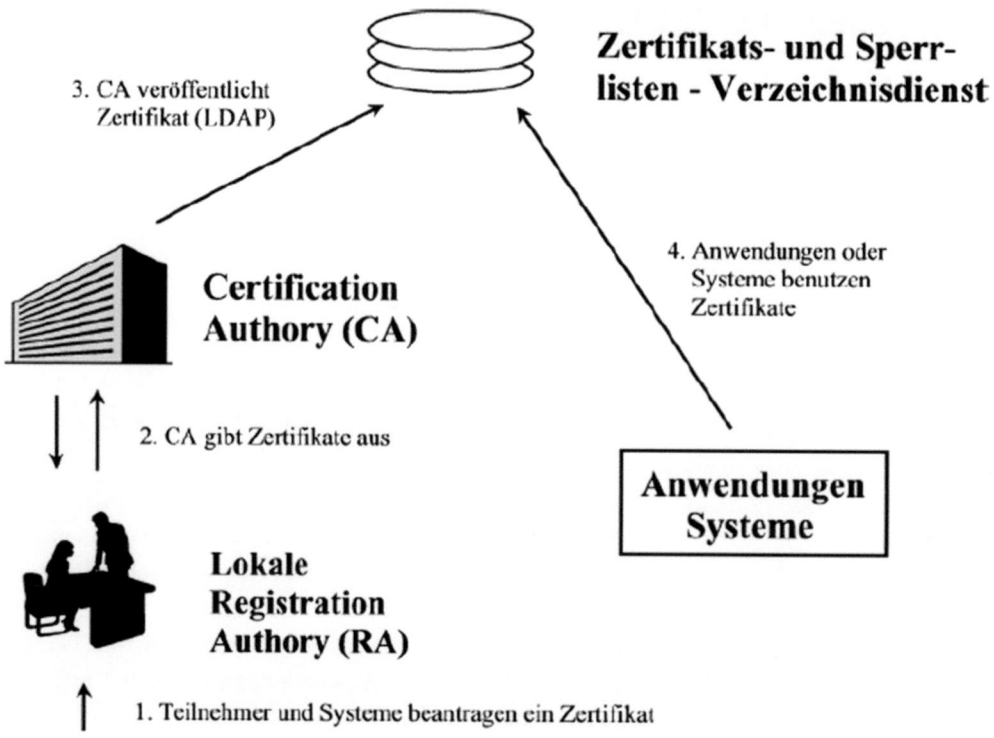

Abbildung 23 Zertifikatsausstellung[91]

Im Bereich der CAs gibt es verschiedene öffentliche Stellen, die qualifizierte Zertifikate ausstellen dürfen. Für Deutschland ist die Bundesnetzagentur zuständig, die unter[92] auflistet, welche gem. § 4 Abs. 3 Signaturgesetz i.V.m. §§ 1,2 der Signaturverordnung, aktuell tätige Zertifikatsaussteller sind und die die nicht mehr die Berechtigung für das Ausstellen der Zertifikate besitzen.

Das Beispiel soll eine Möglichkeit aufzeigen, wie man in der Cloud eine gesicherte Verbindung aufbauen kann. Zertifikate werden hauptsächlich im Bereich der Verschlüsselung von Webseiten eingesetzt, die auch in der Cloud verstärkt verwendet werden. Des Weiteren sollte das Beispiel aufzeigen, wie die Verschlüsselungsverfahren funktionieren, um einen Einblick in die Thematik zu erlangen.

Abbildung 24 zeigt beispielhaft das Zertifikat mit seinen verschiedenen Eigenschaften, dass aktuell beim Amazon Web Service zum Einsatz kommt.

---

[91] Abbildung nach: [Ken04] S. 7
[92] Vgl.: [Bun101]

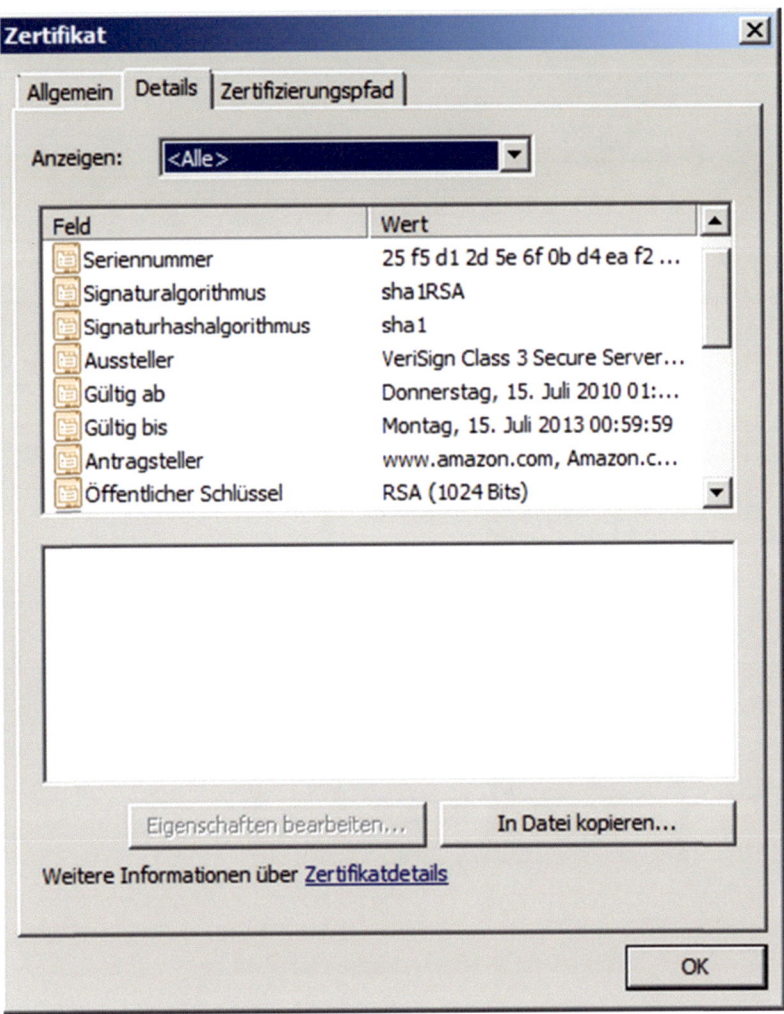

Abbildung 24 Amazon Web Service Zertifikat[93]

Abbildung 25 zeigt den Aufbau der hierarchischen Struktur der PKI und wie die Zuordnung der einzelnen Stellen zueinander ist.

---

[93] Abbildung selbst erstellt

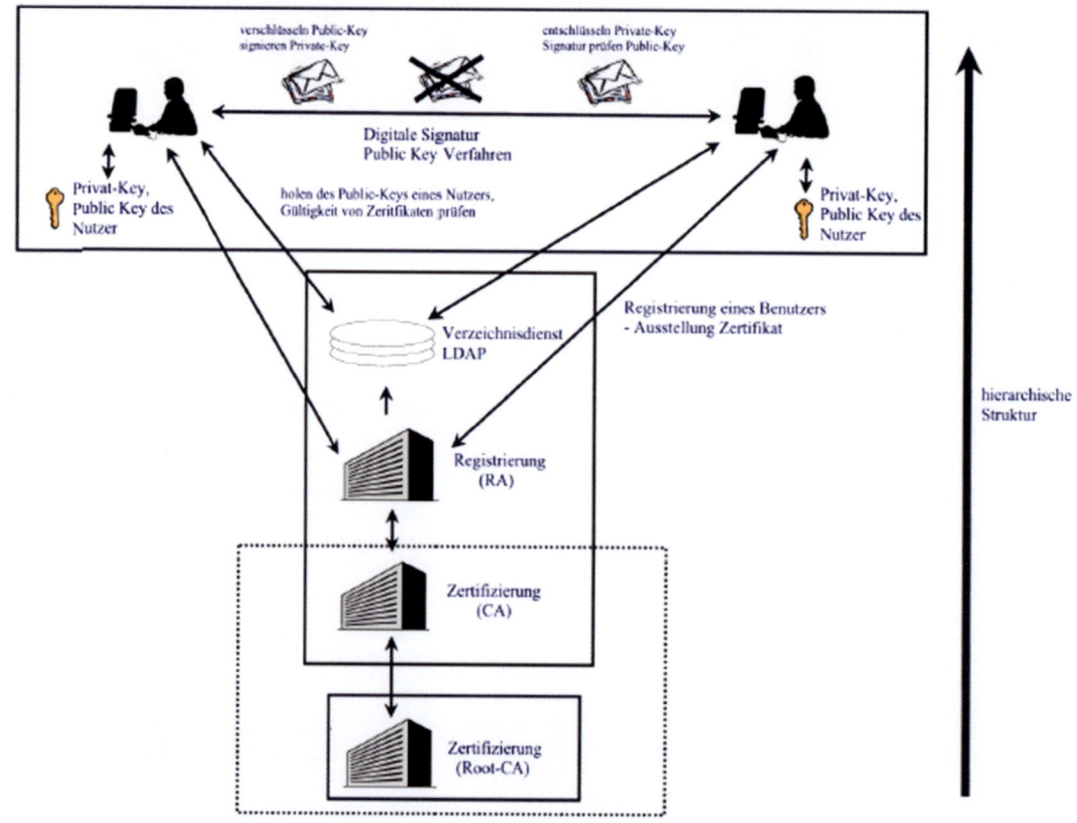

Abbildung 25 Hierarchische PKI-Struktur [94]

Die Zertifikatsaustellung im Bereich des Cloud Computings wird für die einzelnen Cloud Angebote durch den CSP durchgeführt. Der Cloud-Kunde prüft lediglich beim Zugriff auf die Angebote ob das Zertifikat von einer vertrauenswürdigen Stelle ausgestellt ist und ob dieses noch gültig ist.

3.4.2 Einsatzgebiet

Das Einsatzgebiet von Verschlüsselungstechniken kann grundlegend in zwei verschiedenen Bereichen stattfinden. Diese beiden Bereiche umfassen zum einen die Verschlüsselung während der Übertragung von Daten und zum anderen die Verschlüsselung der Dateien direkt auf einem System.

---

[94] Abbildung nach: [Ken04] S. 15

Die Übertragungsverschlüsselung wird mithilfe verschiedener Protokolle realisiert, deren Basis die verschiedenen Verschlüsselungsverfahren darstellen. Bei der Dateiverschlüsselung kommen keine Protokolle zum Einsatz, sondern Algorithmen, die auf der Grundlage der in Kapitel 3.4.1 dargestellten Verfahren beruhen.

Für das Cloud Computing wurden keine speziellen Verfahren, Protokolle oder Algorithmen entwickelt, vielmehr können die vorhandenen genutzt werden.

Nachfolgend werden die Übertragungsverschlüsselung und die Dateiverschlüsselung erläutert und an Beispielen dargestellt.

3.4.2.1 Übertragungsverschlüsselung

Die Übertragungsverschlüsselung befasst sich beim Cloud Computing mit der sicheren Kommunikation zwischen der Cloud-Instanz und dem Kunden.

Beim Zugriff, beispielsweise über einen Webbrowser, kommt die https-Verschlüsselung zum Einsatz. Mit dieser Technik wird das http-Protokoll mithilfe der Transport Layer Security (TLS), auch bekannt als Software Socket Layer (SSL), verschlüsselt.

Die Entwicklung von SSL wurde bis zur Version 3.0 fortgeführt und die Version 3.1 entsprach der TLS-Version 1.0 und wird unter diesem Namen weiterentwickelt. Im weiteren Verlauf ist TLS mit SSL gleichzusetzen.

Ein Grund für die beständige Weiterentwicklung ist der Zweifel an der Sicherheit von SSL. So warnt z.B. die Electronic Frontier Foundation (EFF) davor, dass gesicherte Verbindungen, die mit SSL 3.0 verschlüsselt sind, routinemäßig abgehört werden können.[95]

TLS funktioniert auf Basis einer hybriden Verschlüsselung, die in Kapitel 3.4.1.3 dargestellt wurde, und somit auch in eine PKI-Struktur eingebunden werden kann.

Die verschlüsselte Kommunikation wird durch den sogenannten SSL Handshake aufgebaut. Nachstehend wird der Handshake am Beispiel einer Kommunikation zwischen einem Webbrowser und einem Webserver erläutert.

Zu Beginn des Handshakes wird vom Webbrowser eine „hello" Anfrage an den Webserver gesendet, dass seine Verschlüsselungsverfahren, z.B. SSL Version 3, enthalten. Der Webserver antwortet daraufhin mit einem „hello", welches eine Sitzungsid, seine möglichen Verschlüsselungsverfahren und eine Zufallszahl enthält. Sollte es keine Übereinstimmung bei mindestens einem Verschlüsselungsverfahren geben, schlägt die Kommunikation fehl.

Nach dem „hello" des Webserver schickt der Webserver zusätzlich noch sein Zertifikat mit seinem öffentlichen Schlüssel an den Webbrowser mit einem abschließenden „hello done" Befehl.

---

[95] Vgl.: [Hei10]

Nach dem Empfang des „hello done" prüft der Webbrowser die Gültigkeit des Zertifikates sowie alle weiteren mit gesendeten Parametern. Nach erfolgreicher Prüfung sendet der Webbrowser seinen, mit dem öffentlichen Schlüssel des Webservers verschlüsselten, öffentlichen Schlüssel mit einem „ClientKeyExchange" Befehl an den Webserver. Dieser Antwortet mit einer Beendigungsnachricht und der Handshake ist abgeschlossen. Nach erfolgreicher Beendigung des Handshakes ist eine verschlüsselte Kommunikation möglich.[96]

Abbildung 26 zeigt den Ablauf des SSL-Handshakes in grafisch verdeutlicht.

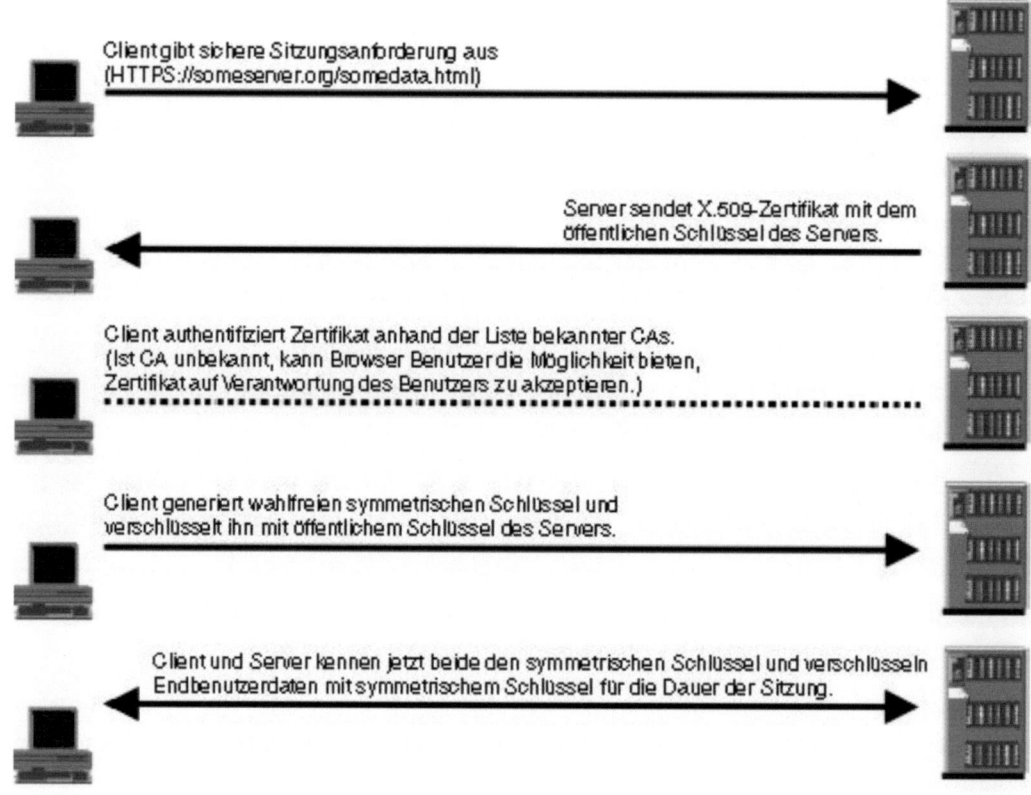

Abbildung 26 SSL-Handshake[97]

Eine gültige Verbindung über https, die mit TLS abgesichert ist, wird in Abbildung 27 gezeigt.

---

[96] Vgl.: [IBM04]
[97] Abbildung nach [IBM04]

Abbildung 27 Sichere Kommunikation über TLS[98]

Eine nicht gültige Verbindung zeigt Abbildung 28. Mithilfe dieser standardisierten Meldungen wird für jeden Nutzer rasch deutlich, wenn es zu Fehlern in der sicheren Kommunikation kommt.

---

[98] Abbildung selbst erstellt

Abbildung 28 Fehler in der Kommunikation über TLS[99]

Eine weitere Möglichkeit des Zugriffs auf die Cloud-Instanz ist der Zugriff über eine Konsole. Der Begriff Konsole kann mit der Bezeichnung Kommandozeile gleichgesetzt werden. Die Konsolenverbindung kann z.B. mithilfe des SSH-Protokolls verschlüsselt werden. SSH nutzt die asymmetrische Verschlüsselung als Grundlage und kann in eine PKI-Struktur eingebunden werden.

Die Zugriffsmethode über die Konsole mithilfe der SSH-Verschlüsselung erfolgt in den meisten Fällen nur zu administrativen Zwecken. Die Nutzer arbeiten nicht auf der Konsole sondern auf einer grafischen Oberfläche, die eine einfachere und übersichtlichere Arbeitsfläche zur Verfügung stellt.

Der Zugriff auf die grafische Oberfläche erfolgt beim Cloud Computing meistens über einen Webbrowser, der die Verbindung mit TLS verschlüsselt. Der Einsatz speziell entwickelter Software für den Zugriff auf die Cloud ist auch möglich und wird dann vom Anbieter besonders verschlüsselt.

3.4.2.2 Dateiverschlüsselung

Die Dateiverschlüsselung befasst sich mit der Verschlüsselung der Dateien in der Cloud-Instanz, die gerade nicht genutzt werden. Diese Art der Verschlüsselung kommt bei der Speicherung, Archivierung und im Backup von Dateien zum Einsatz.

---

[99] Abbildung nach [Uni11]

Bei der Dateiverschlüsselung ist es dem Nutzer überlassen, welches Verfahren er wählt und wie dieses arbeitet. Viele Anbieter nutzen RSA, dass nach den Erfindern River, Shamir und Adlemann benannt ist. Dieses Verfahren ist sehr sicher und kann bis zu einer Schlüssellänge von 2018 Bit eingesetzt werden. RSA ist ein asymmetrisches Verschlüsselungsverfahren und kann somit eine hohe Sicherheit gewährleisten.

Als Alternative wird häufig noch der Data Encryption Standard (DES) angeboten, der aber durch seine geringe Schlüssellänge von 56 Bit als zu schwach angesehen wird und so keine hohe Sicherheit gewährleisten kann. DES ist ein symmetrisches Verschlüsselungsverfahren und kann seine Vorteile vor allem bei größeren Dateien nutzen.

Der Nachfolger von DES ist der Advanced Encryption Standard (AES), der bis zu einer Schlüssellänge von 256 Bit verschlüsseln kann. AES wird im Bereich der symmetrischen Verschlüsselung zurzeit verstärkt eingesetzt, da durch den Einsatz eines 256 Bit Schlüssel eine hohe Sicherheit garantiert werden kann.

Die unterschiedliche Schlüssellänge in den verschiedenen Verfahren ergibt sich aus dem Algorithmus. So ist bei einer asymmetrischen Verschlüsselung eine Schlüssellänge von 2018 Bit hoch und bei der symmetrischen Verschlüsselung von 256 Bit hoch.

Abschließend ist zu erwähnen, dass alle Daten, die in der Cloud liegen und unternehmensempfindlich sind, z.B. personenbezogene oder steuerrechtliche Daten, zwingend zu verschlüsseln sind.

3.4.3 Schlüsselmanagement

Das Schlüsselmanagement spielt eine wichtige Rolle, wenn keine PKI-Struktur verwendet wird, da in dieser Struktur das Schlüsselmanagement von den CAs übernommen wird.

Sollte keine PKI-Struktur zum Einsatz kommen, ist es unerlässlich, ein eigenes Schlüsselmanagement zu betreiben. Das größte Risiko bei einem nicht vorhandenen Schlüsselmanagement ist der Verlust eines privaten Schlüssels. Vor allem bei der Verwendung der asymmetrischen Verschlüsselung werden viele verschiedene Schlüsselpaare erzeugt, die es zu verwalten gilt.

Der Verlust eines privaten Schlüssels kann entweder zum Verlust der Daten oder zu einem großen finanziellen Schaden, führen. Der finanzielle Schaden entsteht dadurch, dass die Daten mit einem hohen Aufwand entschlüsselt werden müssen und dieses sowohl viel Zeit als auch Ressourcen kostet.

Ein eigenes Schlüsselmanagement kann z.B. darin bestehen, dass eine Kopie aller privaten Schlüssel auf einem externen Datenträger gespeichert werden und dieser in einem Tresor verschlossen wird.

Der Aufwand zum Betreiben eines Schlüsselmanagements steigt mit jedem Nutzer. Sollte keine PKI-Struktur vorhanden sein, besteht die Möglichkeit, über eine Backuproutine die Schlüssel regelmäßig zu exportieren. Dabei ist aber zwingend darauf zu achten, dass die Backups mit einem Schlüssel verschlüsselt werden, der unabhängig von den Backups gelagert wird und somit jederzeit zugänglich ist.

Ein Schlüsselmanagement kann auch verwendet werden, wenn eine eigene, unternehmensinterne PKI-Struktur aufgebaut wird. Dann wird nur das Zertifikat der Root-CA auf einem Datenträger gespeichert, da mit diesem jederzeit neue Zertifikate ausgestellt werden können. Sollte allerdings die Root-CA verloren gehen, sind sämtliche Schlüssel neu zu generieren und die ganze PKI-Struktur ist komplett mit neuen Zertifikaten aus einer neuen Root-CA auszustatten.

3.4.4 Zusammenfassung

Die Verschlüsselung ist ein wesentlicher Sicherheitsaspekt, der nicht nur bei der Datenablage in der Cloud-Instanz zum Einsatz kommt. Auch das Kommunizieren zwischen dem Kunden und der Instanz ist zu verschlüsseln.

Die auf dem Markt verfügbaren Verschlüsselungsverfahren bieten eine ausreichend hohe Sicherheit und erlauben es Cloud-Nutzern diese bedenkenlos einzusetzen. Voraussetzung für das sichere Arbeiten in der Cloud ist sowohl ein vertraglich festgehaltenes Verschlüsselungsverfahren, welches die Daten in der Cloud verschlüsselt, als auch das Verfahren wie die Kommunikation zwischen dem Kunden und der Cloud-Instanz verschlüsselt wird.

Ein weiterer wichtiger Aspekt ist der Einsatz des Schlüsselmanagements, das erforderlich ist, um den Zugriff auf die Daten zu gewährleisten. Hier gilt es bei einer nicht vorhandenen PKI-Struktur, die Schlüssel regelmäßig zu sichern, um deren Verlust dieser zu verhindern.

Eine Möglichkeit zur öffentlichen Darstellung der Sicherheitsmaßnahmen für CSPs ist es, beispielsweise wie Amazon ein Security Whitepaper zu veröffentlichen, in dem die einzelnen Sicherheitsmaßnahmen für die verschiedenen Cloud-Dienste aufgezeigt werden. [100] Mit solchen Maßnahmen können CSPs Vertrauen schaffen, weil diese sich öffentlich zur Implementierung von Sicherheitsmaßnahmen bekennen.

---

[100] Vgl.: [Ama11]

4. Überwachung

Die Überwachung ist ein wichtiges Werkzeug sowohl für den Cloud-Kunden, den Rechenzentrumsbetreiber als auch dem CSP. Überwachungswerkzeuge sind, vor allem aus juristischer Sicht, für Nutzer interessant, da diese z.B. gem. § 91 Abs. 2 AktG ihren Pflichten zur Überwachung nachkommen müssen.

Der CSP kann mithilfe der Überwachung z.B. die Last seiner Cloud-Instanzen im Auge behalten oder aber mögliche Angriffe auf seine Instanzen identifizieren und ggf. Gegenmaßnahmen einleiten.

Der Rechenzentrumsbetreiber kann die Überwachungswerkzeuge z.B. dafür einsetzen, die Last seiner einzelnen Komponenten zu überwachen oder aber auch Angriffe zu identifizieren und Gegenmaßnahmen einzuleiten. Des Weiteren kann er mithilfe eines Netzwerkmanagementprotokolls seine Komponenten verwalten und administrieren.

Zu Beginn dieses Kapitels wird das Monitoring behandelt, in dem der Schwerpunkt in der Überwachung der verschiedenen Komponenten und Lasten liegt.

Anschließend an das Monitoring wird das Auditing behandelt, wo das Hauptaugenmerk auf der Überwachung der Sicherheit und der Einleitung von Gegenmaßnahmen gerichtet ist.

Des Weiteren umfasst sowohl das Monitoring als auch das Auditing die beispielhafte Nutzung mithilfe eines Netzwerkmanagementprotokolls. Hier werden in dem jeweiligen Kapitel die Möglichkeiten zur Nutzung eines solchen Protokolls beispielhaft erläutert.

4.1 Monitoring

Das Monitoring befasst sich ausschließlich mit der Überwachung der Systemressourcen. Diese beinhalteten sowohl die Lastüberwachung als auch die Überwachung der Funktionsfähigkeit der einzelnen Netzwerkkomponenten.

Die Überwachung der Funktionsfähigkeit der einzelnen Komponenten wird in diesem Kapitel mithilfe eines Netzwerkmanagementprotokolls beispielhaft erläutert.

Unter [101] gibt es eine Übersichtsseite, welche die Last innerhalb der letzten 48 Stunden bei den größten Cloud-Anbietern abbildet. Diese Seite dient rein informativen Zwecken und hat keinerlei funktionelle Bedeutung.

Bei der Erläuterung der Funktionsweise wird speziell auf das Monitoring mit einem Netzwerkmanagementprotokoll eingegangen. Eine Überwachung jedes einzelnen Hardwaresensors ohne ein zentrales Überwachungswerkzeug ist sowohl umständlich, als auch zum Teil nicht umsetzbar.

---

[101] Vgl.: [Pae11]

4.1.1 Einsatzgebiet

Monitoring wird im Cloud Computing von allen Parteien eingesetzt. Von den einzelnen Parteien wird die Nutzung des Monitorings unterschiedlich ausgeführt und jede Partei greift über verschiedene Medien auf die einzelnen Werkzeuge zu.

Rechenzentrumsbetreiber nutzen Monitoring zur Überwachung der Last auf ihren einzelnen Servern, und der Verfügbarkeit einzelner Schnittstellen auf den Servern und Netzwerkkomponenten. Ein Schwerpunkt der Überwachung ist neben der Last, die Überwachung der USVen und die Internetanbindung des Rechenzentrums. Diese Komponenten sind ein wichtiger Bestandteil eines Rechenzentrums und sind bei einem Ausfall schnellstmöglich Instandzusetzen. Das Management des Monitorings im Rechenzentrum findet schwerpunktmäßig über eine zentrale Managementsoftware statt.

Der CSP nutzt Monitoring zur Überwachung der Verfügbarkeit einzelner VMs in den Instanzen wie auch der Last auf diesen. Sollte er feststellen, dass die Last zu groß ist, kann er ggf. weitere Ressourcen hinzufügen oder aber einzelne VM auf andere Ressourcen verschieben. Das Ressourcen verschieben und hinzufügen ist keine Monitoring Funktionalität sondern eine Funktionalität der Virtualisierungstechnik. Der Zugriff für den CSP auf das Monitoring erfolgt häufig über den Webbrowser, der auf eine speziell für den CSP bereitgestellte Monitoring Website beim Rechenzentrumsbetreiber zugreift.

Der Kunde nutzt Monitoring, um seine Kosten im Blick zu behalten und ggf. mehr Rechenleistung einzukaufen, wenn seine eigene nicht mehr ausreichend ist. Des Weiteren kann der Kunde die Verfügbarkeit seiner Instanz mithilfe des Monitorings überwachen und eventuell dem CSP auf seine Vertragspflichten, bezüglich der Verfügbarkeit, hinweisen. Der Kunde kann das Monitoring über seine Verwaltungsseite der Cloud-Instanzen aufrufen, welche vom CSP bereitgestellt wird.

Abbildung 29 zeigt die Darstellung des Monitorings von Amazon, für den Kunden, mit dem Namen Amazon CloudWatch.

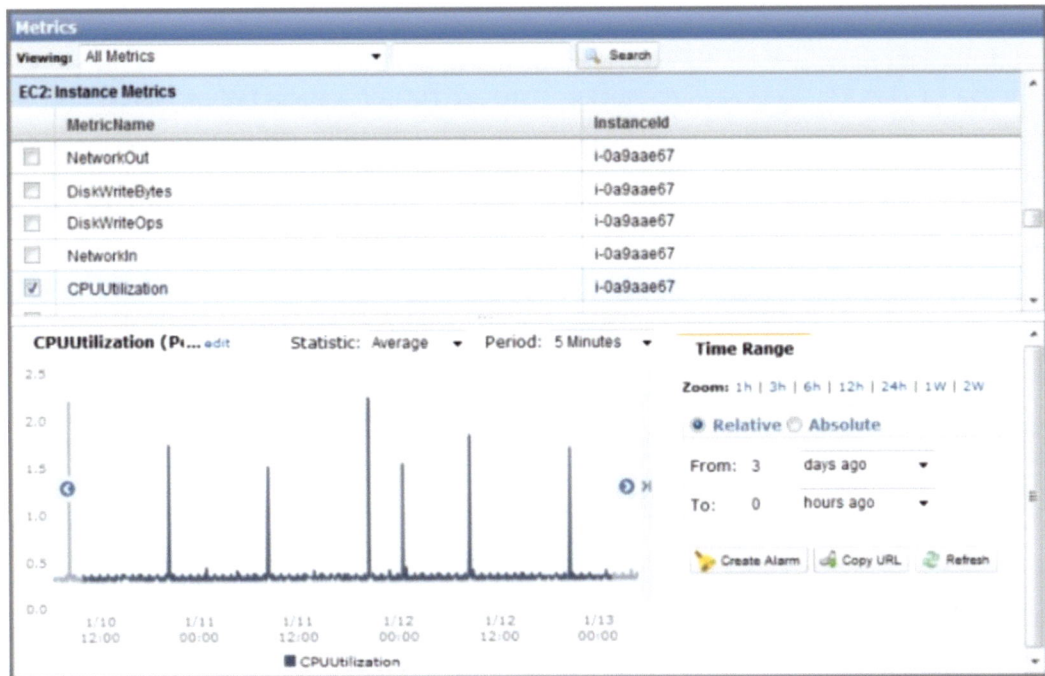

Abbildung 29 Amazon CloudWatch[102]

4.1.2 Funktionsweise am Beispiel eines Netzwerkmanagementprotokolls

Monitoring beruht auf Sensoren, die direkt in der Hardware verbaut sind und einem Programm, das die Daten auswertet. Kombiniert werden kann dies mithilfe des Einsatzes eines Netzwerkmanagementprotokolls wie z.B. das Simple Network Management Protokoll (SNMP). Die Kombination erlaubt eine einheitliche Kommunikationsbasis zwischen Sensoren und Überwachungsprogramm sowie eine zentrale Verwaltung der überwachten Komponenten.

Die Überwachung mithilfe von SNMP ist eine verbreitete Lösung, da diese alle Monitoringfunktionen kombiniert und durch ihre zentrale Überwachung eine komfortable Lösung bieten.

SNMP gestattet es nicht nur zu überwachen, sondern auch direkt auf die Ressourcen der einzelnen Komponenten zuzugreifen und sie zu verändern. Des Weiteren gestattet SNMP die Überwachung von Schnittstellen, die nicht direkt an Sensoren angebunden sind.

Die Funktion der Ressourcenveränderung ist kein Monitoring mehr, sondern schon eine Auditing-Funktion und wird demnach in Kapitel 4.2 genauer erläutert.

SNMP besteht grundlegend aus vier Komponenten: Zum einen muss ein Network Managementsystem (NMS) vorhanden sein, mit dem alle Geräte verwaltet werden. Des Weiteren

---

[102] Abbildung nach [Ama10] S.35

müssen Geräte, auch managed device genannt, vorhanden sein, die SNMP sprechen können. Auf dem Gerät muss sich ein SNMP-Agent befinden, der mit dem NMS kommuniziert. Des Weiteren ist eine Management Information Database (MIB), welche Informationen über die entsprechenden Geräte beinhaltet wie z.B. das Betriebssystem[103], auf den einzelnen Geräten zu implementieren. MIBs sind auf neueren Geräten bei der Auslieferung bereits installiert. Allerdings sind auf älteren Geräten die MIBs von den Herstellern bereitzustellen und nachträglich zu implementieren für eine erfolgreiche Überwachung.

Abbildung 30 stellt die Bestandteile einer SNMP-Struktur grafisch da.

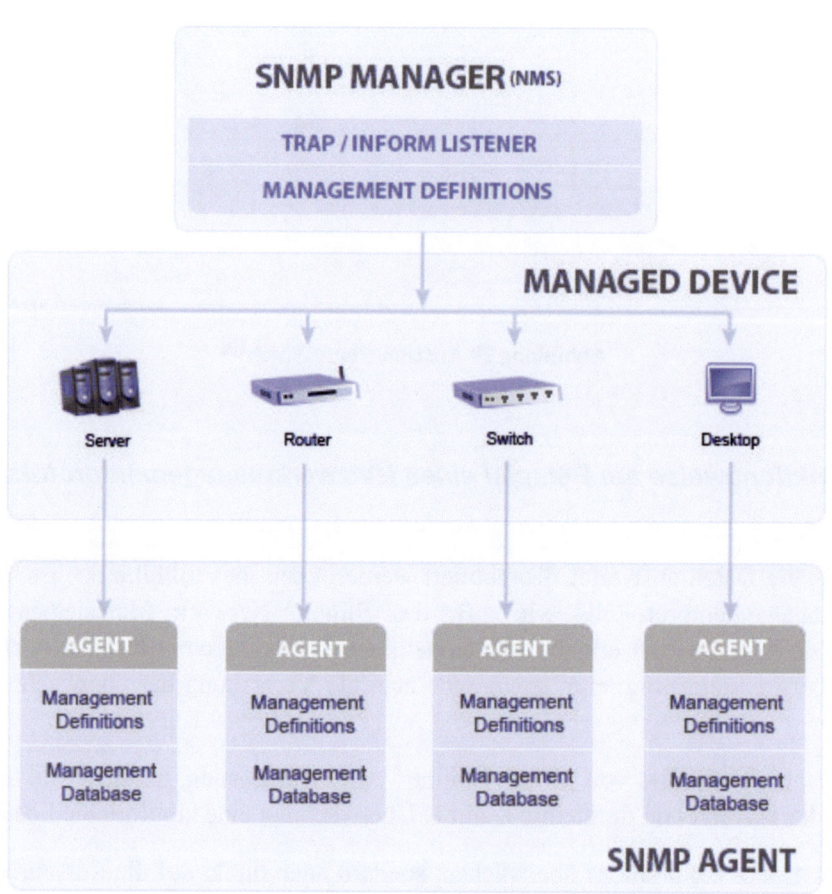

Abbildung 30 Bestandteile einer SNMP Struktur[104]

Die Kommunikation zwischen Gerät und NMS erfolgt hauptsächlich über die folgenden sechs Befehle:

---

[103] Vgl.: [Man11]
[104] Abbildung nach [Man11]

- **GET:** Anfordern eines Datensatzes.

- **GETNEXT:** Anfordern des nächsten Datensatzes (bei der Abfrage von Tabellen).

- **GETBULK:** Anfordern mehrerer Datensätze (mehrere Zeilen aus einer Tabelle).

- **SET:** Ändern von Datensätzen.

- **RESPONSE:** Antwort auf ein Paket.

- **TRAP:** Nachricht eines Agenten an das NMS, welche nicht angefordert wurde, zur Mitteilung eines außergewöhnlichen Ereigniseintrittes. Dies kann z.B. der Ausfall einer Schnittstelle sein oder die Prozessorauslastung steigt über 80% für eine Dauer von mehr als 5 Minuten.[105]

SNMP wurde in der RFC 1157[106] festgehalten und in seiner neusten Version, der Version 3, in der RFC 3410[107] aktualisiert.

4.1.3 Sicherheit

Die Sicherheit beim Monitoring wird gerne zweitrangig betrachtet, da der Inhalt der Daten, die abgefragt werden, keine Sicherheitsgefährdung mit sich bringt.

Dieser Trugschluss führt häufig dazu, dass die Sicherheit komplett außer Acht gelassen wird. Dabei wird vergessen, dass es z.B. mit dem Bekanntwerden der eingesetzten Software innerhalb des Rechenzentrums auch ein Leichtes ist, die aktuellen Fehler in der Software im Internet aufzutreiben und es somit einen ersten Angriffspunkt gibt.

Die Entwickler von SNMP haben dies erkannt und mit der Version 3 die Möglichkeit der Verschlüsselung und Authentifizierung zwischen Agent und NMS eingebaut, damit die Informationen nicht mitgelesen werden können. Die Versionen 1 und 2 beinhalteten keine Verschlüsselungsfunktion und werden im Klartext übertragen.

Des Weiteren existiert die Möglichkeit über SNMP direkt auf die Hardware zuzugreifen. Mit dieser Möglichkeit ist es ein Leichtes für einen Angreifer, wenn er die nötigen Daten herausgefiltert hat, die Hardware zu manipulieren oder aber die gesamte Netzwerkstruktur nachzubilden und nach Schwachpunkten zu durchsuchen.

Es sollte, bei der Überwachung der Hard- und Software über ein Netzwerk, dringend auf eine verschlüsselte Kommunikation geachtet werden, weil dieses sonst eine erhebliche Schwachstelle in dem System darstellt und einen guten Angriffspunkt bietet.

---

[105] Übersetzt von [Man11]
[106] Vgl.: [Cas90]
[107] Vgl.: [Mun02]

Ein weiterer Sicherheitsaspekt ist der Zugriff auf das NMS. Dieser sollte streng reglementiert sein. Weiterhin ist die Nutzung der Webfunktion nur mithilfe von Verschlüsselungsverfahren zu nutzen, da es sonst eine weitere Schwachstelle im System gibt. Der Zugriff auf die Webschnittstelle kann, wie in Kapitel 3.4.2.1 aufgezeigt, z.B. mit TLS verschlüsselt werden.

4.1.4 Verantwortlichkeiten

Die Verantwortung bei der Nutzung des Monitorings liegt bei allen Parteien im Cloud Computing. Der Rechenzentrumsbetreiber ist für eine sichere interne Kommunikation der Überwachung verantwortlich. Diese schützt vor Man-in-the-Middle-Attacken, aber auch davor, dass jemand unbemerkt in das Rechenzentrum eindringt und den Netzwerkverkehr mitliest. Die verschlüsselte Kommunikation kann z.B. mit SNMP Version 3 realisiert werden.

Die Überwachung der Cloud-Instanzen vom CSP ist vertraglich zwischen dem CSP und dem Rechenzentrumsbetreiber zu regeln. Dies bezieht sich z.B. auf die Verfügbarkeit der angemieteten Ressourcen. Der Einsatz von verschlüsselter Überwachung ist hier wichtig, da auch über unsichere Medien wie das Internet kommuniziert wird. Der Einsatz von TLS kann hier zur Absicherung der Kommunikation genutzt werden.

Der Kunde ist für die Überwachung seiner eigenen Cloud-Instanz verantwortlich. Dies bezieht sich sowohl auf die Verfügbarkeit, als auch die Nutzungsintensität. Diese Überwachung ist zwischen dem CSP und dem Kunden vertraglich zwingend zu regeln und aus sicherheitstechnischer Sicht nur über verschlüsselte Kommunikationswege durchzuführen. Der Zugriff auf das Monitoring ist zu reglementieren und nur ausgewähltem Personal zu gestatten. Dieses beruht darauf, dass sich das Risiko einer Sicherheitslücke erhöht, umso mehr Nutzer das Monitoring nutzen. Die verschlüsselte Kommunikation zwischen der Cloud Instanz des Kunden kann, bei einem Zugriff über einen Webbrowser, auch mit TLS realisiert werden.

Des Weiteren kann der Kunde sich die Vertragsgestaltung im Hinblick auf die Überwachung zwischen CSP und Rechenzentrum zeigen lassen, um die Sicherheit zu überprüfen. Der Kunde hat allerdings hierauf kein Recht und ist auf die Kulanz des CSPs angewiesen.

4.2 Auditing

Auditing erweitert das Monitoring um verschiedene Funktionen wie z.B. die Protokollierung von administrativen Tätigkeiten und deren Speicherung an einer neutralen Stelle.

Der Schwerpunkt des Auditings ist die Protokollierung der verschiedensten Aktivitäten im Netzwerk. Die Speicherung der Protokolldaten findet auf einem neutralen System statt, d.h. auf einem Gerät, das weder eine Funktion im Cloud Computing hat, noch zu administrativen Zwecken benötigt wird.

Die Protokollierung dient der Nachvollziehbarkeit einzelner Schritte und zur späteren Analyse von z.B. einzelnen administrativen Vorgängen oder einer nachträglichen Analyse der Last auf verschiedenen Komponenten. Des Weiteren können Protokolldateien für gerichtliche Zwecke herangezogen werden und dienen dann als Beweis.

Darüber hinaus umfasst das Auditing zusätzliche Funktionen von Netzwerkmanagementprotokollen, die beim Monitoring nicht eingesetzt werden. Diese Funktionen umfassen beispielsweise die Administration von Netzwerkkomponenten über ein NMS.

In diesem Kapitel wird das Auditing mit seinen möglichen Funktionen genauer erläutert. Zu Beginn des Kapitels wird kurz auf die möglichen Einsatzorte eingegangen, um anschließend die Funktionsweise am Beispiel des Netzwerkmanagementprotokolls SNMP zu erklären.

Danach werden die sicherheitstechnischen Aspekte beleuchtet, die eine Bedeutung im Bereich des Auditings haben.

Den Abschluss dieses Kapitels bildet die Erläuterung der Verantwortlichen im Bereich des Auditings.

4.2.1 Einsatzgebiet

Auditing wird überwiegend beim Rechenzentrumsbetreiber sowie beim CSP verwendet. Der Kunde selbst braucht für die Cloud-Instanzen keine zusätzlichen Auditing-Maßnahmen gegenüber dem Monitoring einzubinden, sondern sich lediglich vertraglich den Zugriff auf die Auditing-Logs, z.B. bei unerlaubtem Zugriff, für seine Instanz zusichern zu lassen.

Beim Rechenzentrumsbetreiber liegt der Schwerpunkt des Auditings bei der Überwachung und Administration der Hardware und der Schnittstellen. Das Auditing setzt hier auf den getroffenen Monitoring-Maßnahmen auf und erweitert diese z.B. um eine Protokollierung oder die Einleitung von Gegenmaßnahmen.

Die Überwachung der VM erfolgt über das zentrale Management durch den Rechenzentrumsbetreiber, wobei dort der Schwerpunkt der Zugriffsüberwachung liegt. Diese bezieht sich auf den administrativen Zugriff und den Zugriff zwischen einzelnen VMs, der nicht immer gestattet ist.

Auch die Steuerung von Gegenmaßnahmen auf der Ebene des Rechenzentrums kann auf der Auditing-Basis erfolgen, da diese eine Bedrohung frühzeitig erkennen und z.B. in Verbindung mit IDS-Systemen entsprechende Maßnahmen einleiten kann.

Der CSP legt seinen Schwerpunkt beim Auditing auf das Überwachen des Zugriffes auf die einzelnen Cloud-Instanzen und deren Protokollierung. Der CSP überwacht mithilfe des Auditings zusätzlich zum Monitoring die Zugriffe auf die einzelnen Cloud-Instanzen und trifft, in Kooperation mit dem Rechenzentrumsbetreiber, gegebenenfalls Gegenmaßnahmen bei auffälligem Zugriffsverhalten. Auch die Information an den Kunden, bei unerlaubtem Zugriff auf die Cloud-Instanz, darf nicht unterbleiben und ist vom CSP durchzuführen.

4.2.2 Funktionsweise am Beispiel eines Netzwerkmanagementprotokolls

Auditing basiert, wie das Monitoring, auf der Überwachung von Sensoren und Schnittstellen. Die Funktionsweise des Monitorings wird dahingehend erweitert, dass eine Protokollierung der Netzwerkaktivitäten in einem neutralen Speicher stattfindet oder aber administrative Tätigkeiten über das SNMP Protokoll erfolgen.

Die Protokollierungsdaten sind entsprechend mit den vorgestellten Verschlüsselungsverfahren aus Kapitel 3.4.2.2 zu schützen. Auch beim Auditing kommen Netzwerkmanagementprotokolle wie SNMP zum Einsatz.

Beim Auditing werden zusätzlich zum Monitoring alle TRAPS und SETS beim SNMP protokolliert, die von den Agenten gesendet werden. Die Protokollierung findet in eigenen Auditing-Datenbanken statt, die von einem Auditor verwaltet wird.

Das NMS kann dann bei speziell konfigurierten TRAP Ereignissen das IDS informieren, damit dieses Gegenmaßnahmen einleiten kann. NMS Systeme erlauben auch, in Zusammenarbeit mit USVen und Serverbetriebssystemen, das ordentliche Herunterfahren von Serversystemen bei Stromausfall und schützen somit vor Datenverlust. Dies kann z.B. dahingehend realisiert werden, dass bei einer USV Kapazität von unter 60 % ein SET an den Server gesendet wird und dieser, mithilfe einer entsprechenden Anwendung, das Serverbetriebssystem herunterfährt.

Des Weiteren kann bei Auswertung der TRAPS das IPS-System um die aktuellen Netzwerkaktivitäten und eventuellen Angriffsszenarien ergänzt werden, die das IPS vorher nicht erkannt hat.

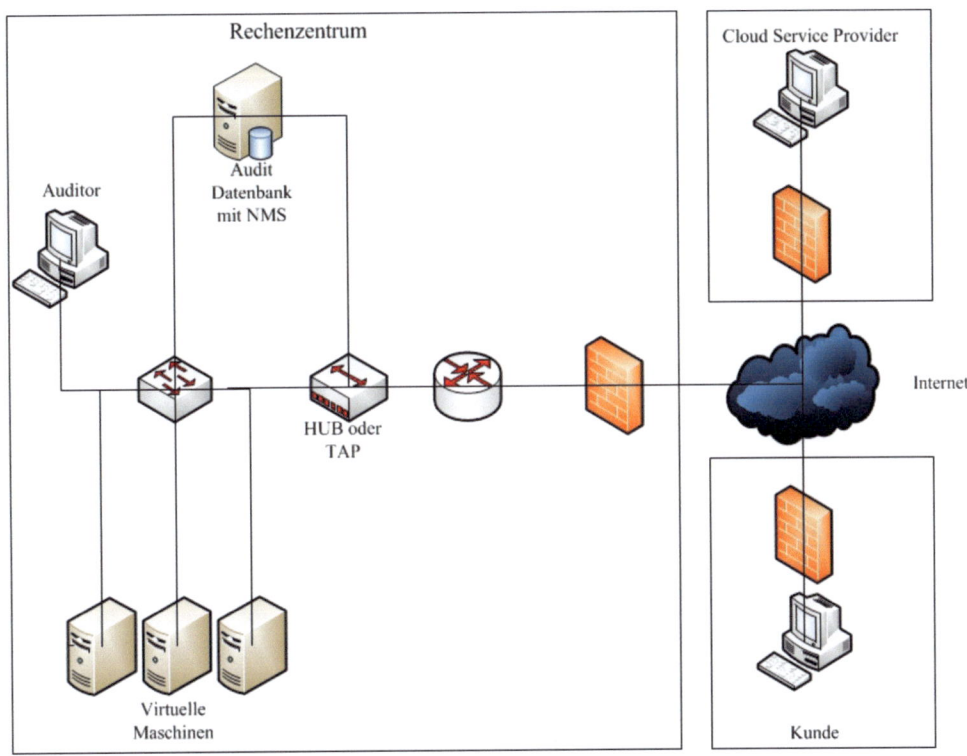

Abbildung 31 Einsatz von Auditing-Maßnahmen[108]

Abbildung 31 zeigt einen schematischen Aufbau für den Einsatz einer Auditing-Lösung. Der Auditor ist der Auswerter der einzelnen Auditing-Logfiles, die in der Auditing-Datenbank gespeichert sind.

Die Lösung, mit der die Auditing-Datenbank und das NMS auf einem Server liegen, kann so realisiert werden, ist aber nicht zwingend erforderlich. Der Einsatz von passiven Netzwerkkomponenten wie Hub oder Test Access Port (TAP) ist eine sinnvolle Ergänzung der Netzwerkinfrastruktur. Ein TAP beispielsweise funktioniert ohne Stromversorgung und Konfiguration, was einen schnellen und variablen Einsatz ermöglicht. Der TAP wird zwischen ein Netzwerkkabel gesteckt und leitet eine Kopie des Datenstromes an das NMS, ohne eine Beeinträchtigung des Netzwerkverkehrs.

Des Weiteren können auf Switches sogenannte Mirror Ports eingerichtet werden, an welchen sämtlicher Datenverkehr gesendet wird. An diesen Mirror Ports wird dann die Auditing-Datenbank angeschlossen, die den entsprechenden Verkehr protokolliert. Diese Funktion ist speziell für Monitoring-oder Auditing-Lösungen vorgesehen.

---

[108] Abbildung selbst erstellt

4.2.3 Sicherheit

Das Auditing selbst obliegt, im Vergleich zum Monitoring, keinen speziellen Sicherheitsfunktionen. Lediglich der Zugriff auf die Auditing-Datenbanken benötigt einen speziellen Zugriffsschutz, damit Angreifer ihre Spuren nicht selbst wieder beseitigen können. Des Weiteren sind die Audit-Datenbanken zu sichern und längere Zeit aufzubewahren. Die Aufbewahrungsfristen der Auditdaten sind vom Inhalt abhängig und können, z.B. bei betriebswirtschaftlichen Inhalten, mehrere Jahre betragen. Diese Aufbewahrungsfristen gilt es vor der Löschung zu überprüfen und ggf. die Daten für die Dauer der Frist zu archivieren.

Weiterhin ist bei der Auswertung der Audit-Daten das Vier-Augen-Prinzip anzuwenden. Dieses erhöht die Sicherheit und verhindert, dass der Auditor unbeaufsichtigt Daten verschwinden lassen kann. Das Vier-Augen-Prinzip umfasst die Auswertung der Daten von zwei Personen. Diese Auswertung kann gleichzeitig oder nacheinander erfolgen.

Das Auditing trägt zu einer Erhöhung der Sicherheit im Rechenzentrum bei, indem diese in Kombination mit IDS- und IPS-Systemen, zusammenarbeitet. Eine Zusammenarbeit kann z.B. dahingehend realisiert werden, indem bei der Auswertung der Auditdaten potenzielle Schwachstellen aufgedeckt werden und diese zu der Überwachung der IDS- und IPS-Systemen hinzugefügt werden. Des Weiteren bietet das Auditing die Möglichkeit, einzelne Tätigkeiten nachzuvollziehen. Bei einem fremden Zugriff auf die Cloud-Instanzen wird dies somit protokolliert und kann, in Verbindung mit dem IDS-System, Gegenmaßnahmen einleiten.

Auch wenn der Kunde selbst keine Auditing-Maßnahmen implementiert hat, kann er sich die getroffenen Maßnahmen im Rechenzentrum über die Vertragsgestaltung bestätigen lassen. Mithilfe dieser Bestätigung kann der Kunde sein Sicherheitskonzept ergänzen und, nach Überprüfung der bestätigten Maßnahmen, seinen gesetzlichen Pflichten nachkommen.

Wichtig ist beim Einsatz von passiven Netzwerkkomponenten, dass diese vor fremden Zugriff geschützt werden. Sollte dies nicht der Fall sein, können sich Personen, die sich zu diesen Komponenten Zugang verschafft haben, diese unbemerkt auslesen.

4.2.4 Verantwortlichkeiten

Der Rechenzentrumsbetreiber ist für die Realisierung des Auditings und dessen Betrieb verantwortlich. Er implementiert das Maßnahmenpaket, dass für die Auditing-Lösungen benötigt wird. Die Verantwortlichkeit resultiert daraus, dass der Rechenzentrumsbetreiber die Möglichkeit eines zentralen Managements für das Netzwerk hat, somit auch direkten Einfluss auf die Hardware. Der CSP selbst hat keinen Einfluss auf die Infrastruktur im Rechenzentrum und kann somit dort keine Auditing-Maßnahmen realisieren.

Eine ausführliche Dokumentation der Auditing-Maßnahmen erleichtert es Rechenzentrumsbetreibern, dem CSP und dem Kunden die getroffenen Maßnahmen aufzuzeigen und diese somit von seinem Sicherheitsniveau zu überzeugen.

Der CSP ist verantwortlich für die Überwachung seiner Cloud-Instanzen. Hier liegt der Schwerpunkt in der Zugriffsüberwachung und deren Protokollierung. In Kooperation mit dem Rechenzentrumsbetreiber kann hier ein effektives Instrument zum Auditing geschaffen werden, dass einen hohen Sicherheitsstandard erreichen kann. Möglich wäre dies, z.B. über eine vom Rechenzentrumsbetreiber zur Verfügung gestellten Webseite über welche der CSP seine eigenen Instanzen überwachen kann.

Der Kunde hat keinerlei Möglichkeiten eine Auditing-Lösung in seiner Cloud-Instanz zu realisieren. Er kann sich diese nur zusichern lassen oder aber auf Zertifikate, wie z.B. nach ISO 9000, des Rechenzentrumsbetreibers zurückgreifen. Das Auditing wird in Verbindung mit dem Managementsystem des Rechenzentrums zertifiziert.

4.3 Zusammenfassung

Die Überwachung ist ein wesentlicher Bestandteil des Sicherheitskonzeptes zum Betreiben von Rechenzentren und Cloud-Instanzen.

Auch das BSI hat in seinem Eckpunktepapier die Überwachung als wichtigen Aspekt festgehalten, da nur so eine schnelle Reaktion auf unvorhergesehene Maßnahmen möglich ist und eine Nachweisbarkeit von Vorfällen existiert. [109]

Wie in Abbildung 32 zu sehen ist, ist die Überwachung mit einem Notfallmanagement, auch bekannt als Incident Management, verknüpft, da nur diese Kombination den gewünschten Erfolg bringen kann. Die Verknüpfung kann beispielsweise dahingehend realisiert werden, dass bei einem Ausfall der Stromversorgung die entsprechenden Maßnahmen im Incident Management ausgelöst werden über das NMS.

Das Notfallmanagement bezieht sich sowohl auf den technischen Ausfall von Komponenten, als auch die Einleitung von Gegenmaßnahmen bei Angriffen auf das Rechenzentrum.

Es wäre beispielsweise eine schlechte Umsetzung des Notfallmanagements, wenn es in der Nacht zu einem Störfall käme und dieser erst am nächsten Tag bemerkt würde. Aufgrund der Tatsache, dass einer der Vorteile des Cloud Computings die dauerhafte Verfügbarkeit ist, wäre dieses Szenario eine schlechte Werbung für den Rechenzentrumsbetreiber und dem CSP.

---

[109] Vgl: [Bun11] S.43

Monitoring und Security Incident Management	Private			Public		
	B	C+	A+	B	C+	A+
24/7 umfassende Überwachung der Cloud Dienste sowie zeitnahe Reaktion bei Angriffen bzw. Sicherheitsvorfällen	✓			✓		
Erfassung und Auswertung von Datenquellen (z. B. Systemstatus, fehlgeschlagene Authentisierungsversuche, etc.)	✓			✓		
24/7-erreichbares, handlungsfähiges Team für Security Incident Handling und Trouble-Shooting			✓			✓
Mitteilungspflichten des CSP gegenüber dem Kunden über Sicherheitsvorfälle oder Hinweise auf Sicherheitsvorfälle, die den Kunden betreffen könnten	n/a			✓		
Geeignete Bereitstellung relevanter Logdaten durch den CSP	✓			✓		
Logging und Monitoring der Aktivitäten von Administratoren	✓			✓		

Abbildung 32 Zusammenfassung Überwachung[110]

Abschließend ist zum Thema Überwachung zu sagen, dass dieses ein wichtiges Werkzeug in Verbindung mit dem Cloud Computing ist. Ohne entsprechende Überwachungsmechanismen ist es in einem großen Rechenzentrum nicht möglich, alle wichtigen Komponenten dauerhaft zu überwachen und somit könnte auch keine nachvollziehbare hohe Verfügbarkeit realisiert werden.

---

[110] Abbildung nach [Bun11] S. 44

5. Juristische Grundlagen

Die juristischen Grundlagen für den Betrieb einer rechtskonformen Cloud-Lösung stellen viele Unternehmen vor große Herausforderungen. Es gibt sowohl unternehmensformgebundene Gesetze, die im Cloud Computing Anwendung finden, sowie noch verschiedene andere Gesetze, die im Cloud Computing Beachtung finden müssen.

Dieses Kapitel befasst sich mit den aktuell gültigen Gesetzen, die im Cloud Computing bei der Vertragsgestaltung, sowie der Einrichtung, Nutzung und Umsetzung von Cloud Services berücksichtig werden müssen.

Zu Beginn wird kurz auf die unternehmensformgebundenen Gesetze, mit ihrem Bezug zum Cloud Computing eingegangen, um dann anschließend das BDSG mit seinen wichtigsten Paragrafen darzustellen. Mit unternehmensformgebundenen Gesetzen werden Gesetze wie z.B. das AktG dargestellt, dass in Aktiengesellschaften Anwendung findet.

Nach nationalem Recht wird auf die internationalen Rechtsgrundlagen eingegangen, die sich auf die aktuellen Grundlagen innerhalb der Europäischen Union (EU) beziehen, sowie einer Datenverarbeitung außerhalb der EU.

Nachdem in den ersten Kapiteln die Grundlagen erläutert wurden, wird in Kapitel 5.5 auf die Vertragsgestaltung zwischen dem Kunden und dem CSP mit seinen Grundsätzen und dem Service Level Agreement eingegangen.

Abschließend wird noch die Cloud Compliance und deren Aufgaben erläutert.

Die juristischen Grundlagen beziehen sich innerhalb des Buches nur auf das BDSG, unternehmensformgebundene Gesetze, EU-Richtlinien zur Verarbeitung von personenbezogenen Daten, sowie die Verarbeitung von personenbezogenen Daten außerhalb der EU.

5.1 Unternehmensformgebundene Gesetze

Wie bereits in Kapitel 3.2.1 dargestellt, gibt es einige Gesetze, welche unabhängig vom Cloud Computing sind, aber Beachtung bei der Einrichtung, Umsetzung und Nutzung von Cloud Computing Services finden müssen, da diese dort Anwendung finden.

Als Erstes sei der § 317 Abs. 2 und Abs. 4 des HGB genannt, der sich auf die Überwachung und Prüfung der Risiken für das Unternehmen bezieht und somit eine Grundlage für die Implementierung von Sicherheitssystemen darstellt.

Ein weiterer Paragraf im HGB ist der § 238 Abs. 1, der besagt, dass die Belege für die Buchführung zehn Jahre aufzubewahren sind. Dieses ist auch gem. § 257 HGB Abs. 3 elektronisch möglich. Diese Paragrafen bilden eine Grundlage für das Einrichten einer Backuplösung, weil die Belege nicht verloren gehen und stattdessen zehn Jahre archiviert werden können. Zu beachten ist, dass nach § 257 Abs. 3 Nr. 2 HGB eine Lesbarkeit und eine Verfügbarkeit innerhalb einer angemessenen Frist gewährleistet sein müssen. Die Lesbarkeit kann bei verschlüsselten Daten durch ein Schlüsselmanagement gewährleistet werden, da dort alle Schlüssel vorliegen, mit welchen Daten verschlüsselt wurden.

Des Weiteren gilt es, bei der Verlagerung der Buchführung in die Cloud, den § 146 Abs.2 und Abs. 2a AO zu beachten. Diese Absätze beinhalten die Grundlagen zur Verlagerung der Buchführung ins Ausland und sind in Verbindung mit den GDPdU zwingend zu beachten. Bei diesen Paragraphen geht es im Schwerpunkt um die Prüfbarkeit der digitalen Unterlagen. Dieses ist im Cloud Computing insoweit wichtig, dass die Daten nur in einem lesbaren Format dort abgelegt werden. Sollten diese nicht lesbar sein, kann der Cloud Kunde seinen Pflichten nicht nachkommen und verstößt gegen die genannten Paragrafen.

Speziell für die GmbH gilt nach §43 Abs. 1 GmbHG, dass die Gesellschafter die Sorgfalt eines ordentlichen Geschäftsmannes walten lassen muss. Dies kann auf die Implementierung von Sicherheitsmechanismen übertragen werden, weil bei einer nicht durchgeführten Implementierung die Sorgfalt im Umgang mit den Daten nicht gewährleistet ist. Die Sorgfalt kann sich beispielsweise darauf beziehen, dass bei der Verarbeitung von Unternehmenskritischen Daten in der Cloud, bei einer gleichzeitigen unverschlüsselten Kommunikation, diese leicht einsehbar sind und somit öffentlich Zugänglich gemacht werden können.

Bei der Aktiengesellschaft (AG) wurde §91 Abs. 2 des AktG durch das KonTraG genauer spezifiziert. Sinngemäß hat der Unternehmer Werkzeuge zur Überwachung und frühzeitigen Erkennung von Risiken, die den Fortbestand des Unternehmens gefährden, einzusetzen. Das sind die Grundlagen zur Realisierung der in Kapitel 4 dargestellten Überwachungsmöglichkeiten. Des Weiteren hat der Unternehmer Maßnahmen zur Verringerung des Risikos einzuleiten. Bei diesen Maßnahmen handelt es sich beispielsweise um die Verschlüsselung der Daten da diese somit nicht öffentlich Zugänglich sind.

Diese Gesetze wurden nicht speziell für das Cloud Computing verabschiedet, sondern sind auf dieses übertragbar. Somit sind die Gesetze bei der Vertragsgestaltung, je nach Unternehmensform, mit einem Cloud Service Provider zu beachten.

5.2 Das Bundesdatenschutzgesetz

Das BDSG wurde für das Cloud Computing nicht speziell angepasst und dadurch existiert auch keine Neuerung, auf die speziell eingegangen werden muss. Aus rechtlicher Perspektive ist das Cloud Computing grundsätzlich mit dem Outsourcing vergleichbar, dass schon lange existiert und somit kann das BDSG problemlos angewendet werden. Das BDSG ist technikneutral definiert und findet daher immer Anwendung, wenn personenbezogene Daten verarbeitet werden.

Innerhalb dieses Kapitels beziehen sich alle Paragrafen, soweit nicht anders benannt, auf das BDSG und auf eine nicht öffentliche Stelle. Eine nicht öffentliche Stelle ist z.B. ein Unternehmen wie Amazons das nicht dem Staat angehört. Öffentliche Stellen, wie z.B. Behörden, obliegen zusätzlich noch anderen Paragraphen innerhalb des BDSG.

Cloud Services werden üblicherweise als Auftragsdatenverarbeitung im Sinne des § 11 BDSG zwischen Cloud-Kunde und CSP vereinbart. Die Vereinbarung ist zwingend erforderlich wenn personenbezogene Daten verarbeitet werden.

Anwendung findet das BDSG immer bei der Erhebung, Speicherung, Verarbeitung und Übermittlung von personenbezogenen Daten. Auf dieser Basis werden nachstehend die wichtigsten Punkte des BDSG erläutert.

Das BDSG bezieht sich bei der Auftragsdatenverarbeitung auf die Verarbeitung von personenbezogenen Daten, die in §3 Abs.1 wie folgt definiert sind:

„Personenbezogene Daten sind Einzelangaben über persönliche oder sachliche Verhältnisse einer bestimmten oder bestimmbaren natürlichen Person (Betroffener)."

Aufgrund der Definition sind personenbezogene Daten beispielsweise Name, Adresse,oder Herkunft.

Die Verantwortung für die Einhaltung der gesetzlichen Pflichten ist in §3 Abs. 7 wie folgt definiert:

„Verantwortliche Stelle ist jede Person oder Stelle, die personenbezogene Daten für sich selbst erhebt, verarbeitet oder nutzt oder dies durch andere im Auftrag vornehmen lässt."

Somit ist gem. BDSG der Cloud-Kunde die verantwortliche Stelle, weil dieser die Daten erhebt und verarbeitet oder dies durch den CSP realisieren lässt. Der Betroffene ist allerdings nicht immer notwendig identisch mit dem Cloud-Kunden. Soweit Unternehmen Cloud-Services nutzen, sind deren Mitarbeiter oder Kunden, auf die sich die verarbeiteten Daten beziehen, die Betroffenen.

Abbildung 33 stellt die Einordnung der einzelnen Bezeichnungen für einen besseren Überblick noch einmal grafisch da.

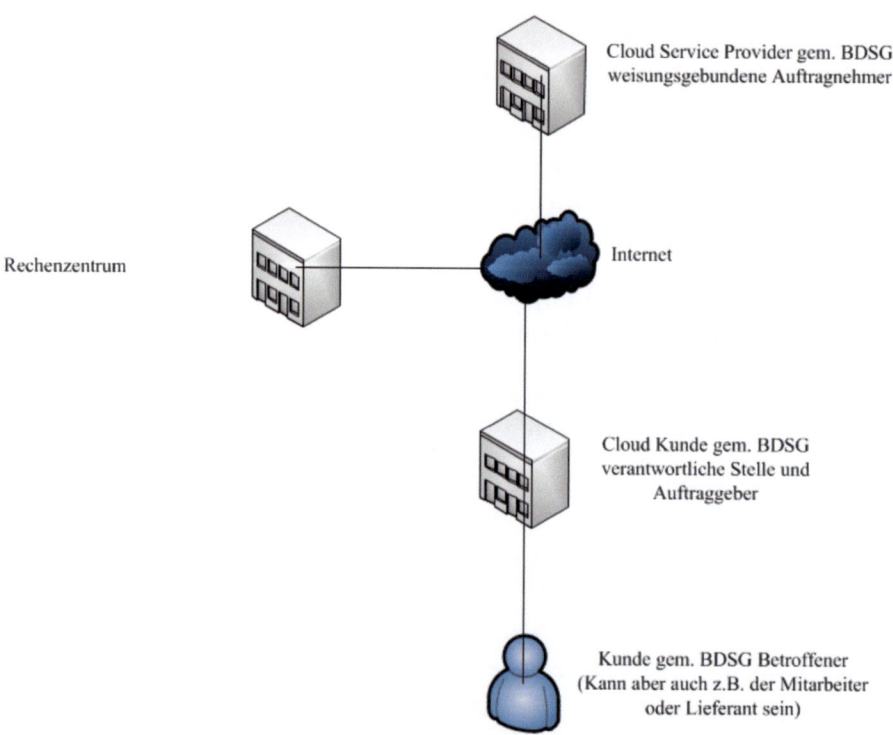

Abbildung 33 Einordnung der einzelnen Positionen gem. BDSG[111]

Bei der Erteilung des Auftrages an den CSP ist der Cloud-Kunde Auftraggeber und der CSP weisungsgebundener Auftragnehmer. Weisungsgebunden ist der CSP daher, dass er Weisungen zur Einhaltung der vertraglichen Leistung vom Cloud-Kunden erhalten kann. Sollte der CSP diesen nicht nachkommen, kann der Cloud-Kunde vom Vertrag zurücktreten oder eine vorher vereinbarte Vertragsstrafe wird fällig. Die Weisungsbefugnis sowie weitere Maßnahmen sind im Sinne des § 11 BDSG vertraglich festzuhalten

Die Verantwortung, die der Cloud-Kunde hat, ist im Regelfall nicht übertragbar. Da der Kunde seiner Verantwortung nur nachkommen kann, wenn er mit dem CSP und dem Rechenzentrumsbetreiber zusammenarbeitet, muss dieser sich vertraglich die Punkte zusichern lassen, die er nicht direkt überwachen kann. So kann zwar der Kunde seine Verantwortung nicht teilen, aber er kann nachweisen dass er seinen Pflichten gem. BDSG nachkommt.

In §11 Abs. 2 wird ein 10 Punkte Plan zur vertraglichen Gestaltung aufgezeigt, der zwingender Bestandteil eines Vertrages bei der Verarbeitung von personenbezogenen Daten ist. Sollte er nicht Bestandteil sein liegt keine Auftragsdatenvereinbarung gem. § 11 BDSG vor. Nachstehend werden die einzelnen Punkte aufgelistet und erläutert:

---

[111] Abbildung selbst erstellt

- **Punkt 1:** *„der Gegenstand und die Dauer des Auftrags"*
  Punkt 1 definiert den genauen Gegenstand und die Dauer des Vertrages. Dies kann z.B. die Nutzung der SalesCloud[112] mit 20 Nutzern für ein Jahr sein.

- **Punkt 2:** *„der Umfang, die Art und der Zweck der vorgesehenen Erhebung, Verarbeitung oder Nutzung von Daten, die Art der Daten und der Kreis der Betroffenen"*
  Punkt 2 konkretisiert die Angaben für den Auftrag im Hinblick auf die Verarbeitung von personenbezogenen Daten. So kann sich beispielsweise der Umfang auf das archivieren der Daten beziehen, wodurch keine Erhebung, sondern nur eine Speicherung in Form von verschlüsselter Archivierung stattfindet. Eine Nutzung der Daten durch den CSP, durch Zugriff und Nutzung der archivierten Daten, darf somit auch nicht vorliegen und muss vertraglich festgehalten werden. Bei der Art der Daten ist darzustellen, ob es sich um reine Kundendaten handelt oder auch andere wie Telekommunikationsdaten, die weiteren gesetzlichen Vorschriften unterliegen. Der Kreis der Betroffenen ist hierbei genau aufzulisten. Unterschieden wird hier z.B. zwischen Kunden, Lieferanten oder Angestellten.

- **Punkt 3:** *„die nach § 9 zu treffenden technischen und organisatorischen Maßnahmen"*
  Punkt 3 umfasst die technische und organisatorische Sicherheit. Die Umsetzung erfolgt in der Praxis insoweit, dass der CSP dem Cloud-Kunden seine dokumentierten Maßnahmen vor Vertragsabschluss offenlegt und der Cloud-Kunde diese akzeptiert oder Änderungswünsche äußert. Beispielhaft hierfür wären aus technischer Sicht, die Erfüllung des IT-Grundschutzes, und aus organisatorischer die Vorgaben nach ITIL. Der Cloud-Kunde ist dabei in der Pflicht, die dokumentierten Maßnahmen nach § 9 BDSG zu prüfen, diese darf er nur bei ihrer Erfüllung akzeptieren. Ein Änderungswunsch kann z.B. die Zugriffsmöglichkeit auf die Auditdaten bezüglich seiner Cloud-Instanz sein. Der Umfang der Änderungswünsche ist beschränkt, da der CSP nur eingeschränkte Werkzeuge zur Änderung besitzt.

- **Punkt 4:** *„die Berichtigung, Löschung und Sperrung von Daten"*
  Punkt 4 behandelt den Zugriff des CSP auf die Daten des Cloud-Kunden. Es ist festzulegen, in welchem Umfang der CSP auf die Daten zugreifen kann und darf. Generell ist es dem CSP untersagt die Daten ohne Aufforderung des Kunden zu ändern und zu sperren. Dieser Punkt legt die Voraussetzungen dafür fest, wann ein CSP Handlungen wie Zugriff, Sperrung und Löschung der Kundendaten vornehmen darf. Eine Löschung ist vertraglich nach Ablauf von gesetzlichen Fristen festzuhalten, da diese der Zweckbindung unterliegen und somit nicht länger wie nötig existieren dürfen. Die Löschung sollte wohlüberlegt durchgeführt, und vertraglich so festgehalten werden, dass dieser Vorgang nur nach schriftlicher Aufforderung des Kunden erlaubt ist. Hierbei sind die gesetzlichen Fristen z.B. bei Buchhaltungsdaten zu beachten.

- **Punkt 5:** *„die nach Absatz 4 bestehenden Pflichten des Auftragnehmers, insbesondere die von ihm vorzunehmenden Kontrollen"*

---

[112] Vgl.: [Sal11]

Punkt 5 bezieht sich auf §11 Abs. 4 der sinngemäß besagt, dass der CSP als Auftragnehmer gesetzlichen Obliegenheiten nachzukommen und einen Datenschutzbeauftragten nach §4f zu stellen hat. Dieser ist für die Umsetzung und Einhaltung der in Punkt 3 vereinbarten Maßnahmen verantwortlich. Die Unterrichtung des Cloud-Kunden bei Kontrollhandlungen gem. der §§ 38, 43, 44 sind durch den CSP unverzüglich durchzuführen.

- **Punkt 6:** *„die etwaige Berechtigung zur Begründung von Unterauftragsverhältnissen"*
  Punkt 6 bezieht sich auf Unterauftragsnehmer, welche beim Cloud Computing sehr häufig vertreten sind. So kann es sein, dass ein für einen CSP tätiger Rechenzentrumsbetreiber Unterauftragnehmer aus Sicht des Cloud-Kunden ist. Eine solche Tätigkeit bedarf somit spezieller vertraglicher Erlaubnis im zugrundeliegenden Auftragsdatenverhältnis zwischen dem CSP und seinem Cloud-Kunden. Teil des Vertrages ist die Nennung des Unterauftragsnehmers und dessen Aufgabe in Bezug auf den Auftrag zwischen CSP und Cloud-Kunden. Des Weiteren hat der Unterauftragnehmer dem Cloud-Kunden das Recht zur Kontrolle und Prüfung gem. der Anlage zu §9 einzuräumen. Der Unterauftragnehmer unterliegt den gleichen datenschutzrechtlichen Anforderungen wie der CSP. Der CSP muss auf Antrag des Cloud-Kunden über das Vertragsverhältnis zwischen CSP und Unterauftragsnehmer Auskunft geben und ggf. den Vertrag offenlegen.

- **Punkt 7:** *„die Kontrollrechte des Auftraggebers und die entsprechenden Duldungs- und Mitwirkungspflichten des Auftragnehmers"*
  Punkt 7 befasst sich mit den Kontrollrechten des Cloud-Kunden. Hier ist vertraglich die Möglichkeit der stichprobenartigen Kontrollen, welche angekündigt werden müssen, einzuräumen. Diese können durch den Cloud-Kunden selbst oder speziell benannte Prüfer durchgeführt werden. Prüfkriterien im Einzelnen sind die in der Anlage zu §9 benannten Punkte zzgl. der sonstigen vertraglich vereinbarten Obliegenheiten.

- **Punkt 8:** *„mitzuteilende Verstöße des Auftragnehmers oder der bei ihm beschäftigten Personen gegen Vorschriften zum Schutz personenbezogener Daten oder gegen die im Auftrag getroffenen Festlegungen"*
  Punkt 8 befasst sich mit der Mitteilungspflicht des CSP gegenüber dem Cloud-Kunden. Nach dieser Norm hat der CSP eine Informationspflicht gegenüber dem Betroffenen und den Aufsichtsbehörden bei einem Verstoß gegen den Schutz der personenbezogenen Daten. Der Cloud-Kunde hat bei einem Verstoß unverzüglich mit dem CSP Maßnahmen zu treffen, welche den Schutz der personenbezogenen Daten wieder herstellt.

- **Punkt 9:** *„der Umfang der Weisungsbefugnisse, die sich der Auftraggeber gegenüber dem Auftragnehmer vorbehält"*

Punkt 9 befasst sich mit der Weisungsbefugnis des Cloud-Kunden gegenüber dem CSP. Die Weisungsbefugnis umfasst generell Umfang, Art und Verfahren wie mit den personenbezogenen Daten umgegangen werden darf. Der Cloud-Kunde kann auch später noch seine Weisungen konkretisieren. Dieses kann mündlich erfolgen, ist aber schnellstmöglich in schriftlicher Form nachzuholen. Sollte eine Weisung aus Sicht des CSP gem. § 11 Abs. 3 Satz 2 gegen datenschutzrechtliche Vorschriften verstoßen so darf dieser diese Weisung nicht ausführen und hat diese auszusetzen bis der Cloud-Kunde diese aufgehoben oder geändert hat. Eine Nichtausführung ist dem Cloud-Kunden mitzuteilen.

- **Punkt 10:** *„die Rückgabe überlassener Datenträger und die Löschung beim Auftragnehmer gespeicherter Daten nach Beendigung des Auftrags"*
Punkt 10 regelt den Umgang mit den Daten nach der Vertragsbeendigung. Eine Möglichkeit nach Ende des Vertragsverhältnisses ist z.B. die datenschutzkonforme Löschung der Daten, die zu protokollieren ist. Eine weitere Möglichkeit ist die Aushändigung der gesamten Daten an den Cloud-Kunden auf einem Datenträger und deren Löschung beim CSP. Die Daten umfassen alle vom Cloud-Kunden angelegten Daten, sowie alle weiteren Daten die im Zusammenhang mit dem Vertragsverhältnis stehen. Dieses sind auch Testdaten und Protokolldaten von Zugriffen.

Dieser Zehn Punkte Plan wurde von der Gesellschaft für Datenschutz und Datensicherheit e.V. (GDD) in einem Muster niedergelegt und als Grundlage zur Erläuterung herangezogen[113]. Dieses Muster ist lediglich ein Vorschlag und dient einer einfacheren Darstellung der Punkte.

Eine Besonderheit des Cloud Computings besteht dann, wenn der Hauptsitz des CSPs nicht in der EU sondern z.B. in den USA ist. So gilt für den CSP-Hauptsitz amerikanisches Recht, aber für die Niederlassung z.B.in Deutschland nationales bzw. deutsches Recht. Diese Konstellation kann schnell zu Problemen führen, wie das nachfolgende Beispiel zeigt.

So kam es im Juli 2011 zu einer Aussage von Microsoft, das im Rahmen des Patriot Acts Daten an amerikanische Behörden, ohne Wissen des Kunden, weitergeleitet worden sind.[114] Der Patriot Act ist Teil des amerikanischen Antiterror Gesetzes und wurde nach dem 11. September 2001 verabschiedet.

Des Weiteren taucht in der Praxis häufig die Problematik auf, dass z.B. der CSP in den USA sitzt, sich die Serverhardware aber in Indien befindet. Hier verschweigen die CSPs häufig das Land, in dem die Serverhardware ist, um das Datenschutzrecht, in dem Fall das der USA, vertraglich anwenden zu können und nicht noch zusätzlich das von Indien berücksichtigen zu müssen. Dies ist eine aktuelle Problematik, die derzeit noch nicht abschließend gelöst ist.

Da dieses Vorgehen aber gegen deutsches Datenschutzrecht verstößt, stehen die Unternehmen in einem Konflikt zwischen dem deutschen und amerikanischen Recht. Dieser Konflikt ist rechtlich problematisch und verkörpert eine Zwangslange für Unternehmen.

---

[113] Vgl.: [Ges09]
[114] Vgl.: [Bök11]

Die Besonderheiten der Auftragsdatenverarbeitung außerhalb der EU werden in Kapitel 5.4 erläutert und hier nicht weiter dargestellt.

Wie zu sehen ist, ist das deutsche Recht in einer guten Verfassung in Bezug auf die Sicherheit für den einzelnen Betroffenen. Die Besonderheit des Cloud Computings umfasst aber eine Datenverarbeitung, die nicht auf Deutschland begrenzt ist, sondern international stattfinden kann. Die daraus entstehende Problematik wird in den nachstehenden Kapiteln erläutert.

Abschließend ist noch die Verarbeitung von besonderen personenbezogenen Daten zu erwähnen. Gem. §3 Abs.9 umfasst diese beispielsweise religiöse Überzeugungen oder aber auch die Gewerkschaftszugehörigkeit.

Bei der Verarbeitung dieser Daten sind strengere Maßstäbe anzulegen und eine aufwändigere Vertragsgestaltung umzusetzen. Für die Verarbeitung der besonderen personenbezogenen Daten ist gem. §4a Abs3 die gesonderte Einwilligung des Betroffenen einzuholen. Dieses trifft z.B. im Bereich der Medizin zu, wo die Patientendaten besondere personenbezogene Daten sind.

Des Weiteren ist §13 und §14 Abs. 5 zu beachten, welche Regeln, unter welchen Bedingungen die Erhebung besonderer personenbezoge Daten erlaubt ist.

5.3 Grundlagen innerhalb der EU

Die EU hat im Jahr 1995 die EU-Richtlinie 95/46/EG *„über den Schutz natürlicher Personen bei der Verarbeitung personenbezogener Daten und zum freien Datenverkehr"* erlassen. Diese Richtlinie dient als Grundlage für die Umsetzung innerhalb der EU-Staaten in entsprechende nationale Datenschutzgesetze. Die EU-Richtlinie gibt nur einen Mindeststandard für die EU-Staaten vor, an welche diese sich, bei der Erlassung ihrer nationalen Datenschutzgesetze, zu halten haben.

Die Richtlinie wurde von Deutschland im BDSG umgesetzt und im vorhergehenden Kapitel detailliert behandelt.

Eine weitere EU-Richtlinie ist die 2002/58/EG aus dem Jahr 2002 *„über die Verarbeitung personenbezogener Daten und den Schutz der Privatsphäre in der elektronischen Kommunikation."* Diese Richtlinie hat das Ziel, dass die einzelnen Mitgliedsstaaten ihre nationalen Gesetze zur Steigerung der Sicherheit in öffentlich zugänglichen Kommunikationsnetzen verbessern, um ein EU-weites Niveau zu erreichen.

Das BDSG besagt in den §§9 und 9a über die zu treffenden Schutzmaßnahmen und Auditfunktionen, dass diese so zu wählen sind, dass die Ausführung und die Anforderungen des BDSG erfüllt werden. Hier sei auf die in Kapitel 4 dargestellten Überwachungsmaßnahmen hingewiesen.

Für die Verarbeitung personenbezogener Daten durch die Organe und Einrichtungen der Gemeinschaft wurde die Verordnung 45/2001 im Dezember 2000 *„zum Schutz natürlicher Per-*

sonen bei der Verarbeitung personenbezogener Daten durch die Organe und Einrichtungen der Gemeinschaft und zum freien Datenverkehr" erlassen. Mithilfe dieser Verordnung wurde die Kontrollbehörde des Europäischen Datenschutzbeauftragten geschaffen. Mit dieser Behörde hat die EU ihre eigene Kontrollinstitution zum Schutz der Daten ins Leben gerufen und kann somit besser die einzelnen Mitgliedsstaaten auf die Umsetzung des Datenschutzes hin kontrollieren

Im Rahmen der Terrorbekämpfung wurde im Jahr 2008 der Rahmenbeschluss 2008/977/JI *„über den Schutz personenbezogener Daten, die im Rahmen der polizeilichen und justiziellen Zusammenarbeit in Strafsachen verarbeitet werden."* erlassen. Dieser Beschluss erlaubt es den Mitgliedsstaaten spezielle Gesetze auf nationaler Ebene durchzusetzen. Diese speziellen nationalen Gesetze haben den Austausch von Informationen zur Ermittlung, Verhütung, Feststellung und Verfolgung von Straftaten im Fokus.

Die genannten Richtlinien, Verordnungen und Rahmenbeschlüsse beziehen sich indirekt auf das Cloud Computing, weil sie sich mit der Verarbeitung der personenbezogenen Daten auseinandersetzen und im Cloud Computing anzuwenden sind. Die EG-Richtlinie 95/46/EG wird von den nachstehenden Richtlinien, Verordnungen und Rahmenbeschlüssen als Basis genommen und immer in die Begründungen mit einbezogen.

Die Richtlinien und der Rahmenbeschluss haben das Problem, dass jeder Staat auf dieser Grundlage sein eigenes Datenschutzrecht erlässt und so Variationen zum Thema entstehen. So gibt es nur eine einheitliche Basis, aber kein einheitliches Gesetz in der EU.

Eine EU-Verordnung würde der Problematik entgegensteuern und ein EU-weit gleiches Datenschutzrecht durchsetzen können. Die Richtlinie hat zwar das gleiche Ziel wie eine EU-Verordnung, allerdings können die einzelnen Länder diese ergänzen, was bei der EU-Verordnung nicht möglich ist. Die einzige Verordnung, welche in Verbindung mit dem Datenschutz steht, regelt lediglich den Einsatz der Kontrollbehörde und nicht das Datenschutzrecht der einzelnen Mitgliedsstaaten.

Der Entwurf der EU-Datenschutzverordnung ist vor der Veröffentlichung am 25.01.2012 in der Version 56 am 29.November 2011 im Internet erschienen. Dieser kann unter [115] eingesehen werden und wird in Anlage D erläutert.

5.4 Datenverarbeitung außerhalb der EU

Für die Übermittlung personenbezogener Daten gelten gem. §4b BDSG ggf. erhöhte Anforderungen. Diese Anforderungen sind im Cloud Computing zu berücksichtigen sobald die personenbezogenen Daten außerhalb der EU verarbeitet werden.

Generell ist es nach §4b BDSG nicht möglich, personenbezogenen Daten außerhalb der EU zu verarbeiten. Eine Auftragsdatenverarbeitung im Sinne des § 11 BDSG ist somit nicht mehr

---

[115] Vgl.: [Eur11]

möglich. Dies kann aber beim Cloud Computing zu Problemen führen, weil viele CSPs ihren Sitz nicht in der EU haben. Nachstehend werden verschiedene Möglichkeiten aufgezeigt, wie diese Problematik gelöst werden kann.

Zum einen können Binding Corporate Rules (BCR) zwischen den Unternehmen geschlossen werden. Diese sind unternehmensinterne Verhaltens- und Datenschutzvorschriften, deren zwingender, wirksamer Inhalt von der Europäischen Kommission vorgegeben wurde[116]. Des Weiteren sehen einige europäische Mitgliedsstaaten die Zustimmung der örtlich zuständigen Datenschutzbehörden vor. Vorteilhaft sind BCR für Unternehmen im Hinblick auf ihre flexible Anpassungsmöglichkeit auf die jeweiligen unternehmensspezifischen Gegebenheiten und die Implementierung von unternehmensweiten Datenschutzstandards. Nachteilig wirkt sich die Komplexität der BCR auf die erstmalige Erstellung aus. Zudem können BCR nur unternehmensintern verwendet werden, das heißt, eine Anwendung auf Vertragspartner außerhalb des Konzernes, auch Corporate Group genannt, scheidet aus.

Eine weitere mögliche Lösung sind die EU-Standardvertragsklauseln[117]. Die Europäische Kommission stellt diese Vertragsklauseln zur Verfügung, um eine Verarbeitung personenbezogener Daten im Sinne der Datenschutzrichtlinie 95/46/EG auch im außereuropäischen Verarbeitungskontext zu ermöglichen. Diese Vertragsklauseln reichen aber für die Erfüllung der Vorgaben des BDSG nicht aus und bedürfen der Erweiterung um die Inhalte des § 11 (2) BDSG. Eine mögliche Lösung ist der Abschluss eines zweiten Vertrages, der das nationale Recht, in dem Fall das BDSG, abdeckt.

Eine spezielle Lösung kann mithilfe des Safe Harbour-Abkommens zwischen der EU und den USA geschaffen werden. Das Safe Harbor-Abkommen wurde in der EU-Richtlinie 2000/520/EG beschlossen. Es erlaubt eine Auftragsdatenvereinbarung zwischen einem CSP in den USA und einen deutschen Cloud-Kunden, wenn sich der CSP zu den Prinzipien des Safe Harbor-Abkommens der Federal Trade Commission (FTC) verpflichtet und eine entsprechende Datenschutzerklärung abgibt. Die Problematik beim Safe Harbor Abkommen ist quasi eine Selbstzertifizierung mit sehr geringen Kontrollmechanismen. Safe Harbor alleine ist nicht ausreichend und sollte in Verbindung mit den Forderungen des Düsseldorfer Kreises umgesetzt werden[118].

Der Düsseldorfer Kreis ist eine Zusammenkunft der obersten Aufsichtsbehörden für den Datenschutz im nicht-öffentlichen Bereich und hat für das Safe Harbor-Abkommen, rechtlich unverbindliche, Forderungen für deutsche Unternehmen beschlossen. Die Verpflichtungen beziehen sich auf eine Mindestprüfung der Gültigkeit der Safe Harbor Zertifizierung und auf eine Überprüfung ihrer Einhaltung.[119]

---

[116] Vgl.: [Eur102]
[117] Vgl.: [Eur101]
[118] Vgl.: [Düs10]
[119] Vgl.: [Düs10]

Die Vorgaben des Safe Harbor-Abkommens, nach welchen sich Selbstzertifiziert wird, sind unter [120] zu finden. Diese Selbstzertifizierung nach Safe Harbor ist ein Jahr gültig und dann selbst zu erneuern. Die aktuellen oder abgelaufenen Zertifizierungen sind unter [121] zu finden.

5.5 Vertragsgestaltung

Die Vertragsgestaltung innerhalb des Cloud Computings ist für viele Unternehmen noch eine schwierige Aufgabe, obwohl sich diese im Verhältnis zum Outsourcing nur wenig geändert hat.

Grundsätzlich sollte bei der Vertragsgestaltung zur Absicherung immer ein Jurist mit einbezogen werden, damit keine Fehler entstehen.

Zurzeit versuchen viele große Anbieter standardisierte Verträge durchzusetzen, die wie Abbildung 34 zeigt, teilweise noch mangelhaft sind, aber auch gute Ansätze aufweisen. Als Beispiel für einen mangelhaften Ansatz sei hier der rot markierte Text in der Abbildung 34 unter Punkt 2.1 genannt der besagt, dass Amazon sich vorbehält von Zeit zu Zeit Service und Funktionen zu ändern oder abzuschalten. Dies ist für ein Unternehmen nachteilig, da es jederzeit sein kann, dass der Service abgeschaltet wird und die Vorlaufzeit nicht definiert ist, wann ein Kunde benachrichtigt wird.

Ein weiteres ungenügendes Beispiel aus dem Bereich Sicherheit umfasst der rote Text unter Punkt 3.1, der besagt: dass Amazon geeignete Sicherheitsmaßnahmen implementiert. Es stellt sich dann die Frage was geeignet ist. Hier ist der Einsatz von Verschlüsselungstechnologien und weiteren Sicherheitsmechanismen erwähnenswert.

Positiv zu erwähnen ist in der Abbildung 34 der rot markierte Text unter Punkt 3.2, der es gestattet, sich den Speicherort seiner Daten auszusuchen. Hier wird auf die Zonen in Abbildung 17 zurückgegriffen.

---

[120] Vgl.: [Fed11]
[121] Vgl.: [Dep11]

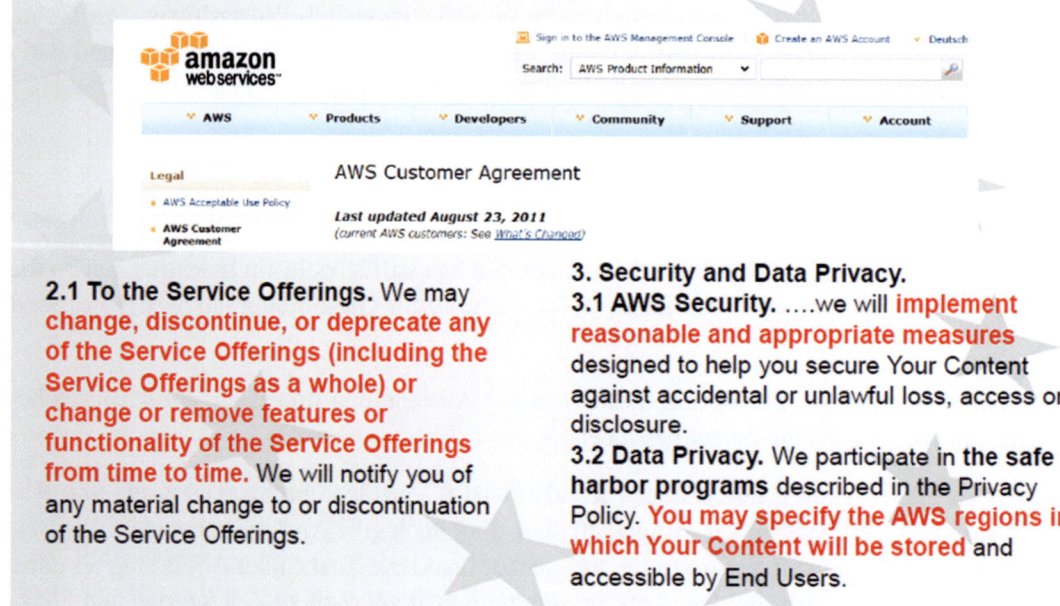

Abbildung 34 Auszug aus dem Amazon Web Service Customer Agreement[122]

Abbildung 35 zeigt eine andere Lösung zur Vertragsgestaltung auch in Bezug auf das Safe Harbor Abkommen. Diese Geschäftsbedingungen sind speziell den Bedürfnissen deutscher Kunden angepasst und umfassen sowohl die Maßnahmen nach § 11 BDSG und der ständigen Selbstzertifizierung nach dem Safe Harbor-Abkommen.

---

[122] Abbildung nach: [And11] S.10

> Salesforce.com Inc. ist Safe Harbor-zertifiziert. Die salesforce.com Sàrl (als Auftragnehmerin) vereinbart des Weiteren mit deutschen Kunden (als Auftraggeber) regelmäßig eine Auftragsdatenverarbeitung gemäß § 11 BDSG als Anlage zum Rahmen-Abonnementvertrag. Zudem hat die salesforce.com Sàrl mit der salesforce.com Inc. eine Unter-Auftragsdatenverarbeitung gemäß § 11 BDSG vereinbart. Hierin hat die salesforce.com Sàrl die Verpflichtungen, die sie aus den mit ihren deutschen Kunden vereinbarten Auftragsdatenverarbeitungen treffen, an ihre Unter-Auftragsdatenverarbeiterin salesforce.com Inc. weitergegeben.
>
> Der Auftragsdatenverarbeitungsvertrag, den salesforce.com Sàrl regelmäßig mit ihren Kunden schließt, sieht vor, dass der Kunde seine Zustimmung zur Einschaltung der salesforce.com Inc. als Unter-Auftragsdatenverarbeiterin gibt. Die salesforce.com Sàrl hat daher mit der salesforce.com Inc., so wie dies nach § 11 BDSG erforderlich ist, einen Vertrag über eine Unter-Auftragsdatenverarbeitung geschlossen, in dem sie ihre Verpflichtungen aus den mit den Kunden vereinbarten Auftragsdatenverarbeitungen in vollem Umfang an die salesforce.com Inc. weitergibt. Die Einschaltung weiterer Unter-Auftragsdatenverarbeiter ist nur mit schriftlicher Zustimmung des Kunden zulässig.
>
> (a) Nachweis und Zeitpunkt der Selbstzertifizierung
>
> Die salesforce.com Inc. ist seit dem 1. August 2002 nach Safe Harbor zertifiziert. Diese Zertifizierung wird jährlich, das nächste Mal zum 1. August 2010 erneuert. Dass die Safe Harbor-Zertifizierung von salesforce.com Inc. derzeit gültig ist, lässt sich aus der Zertifizierung selbst ablesen (siehe unter URL http://www.export.gov/safehrbr/companyinfo.aspx?id=7518). Dort ist unter "Certification Status" der Status "Current" angegeben. Aus den Erklärungen zur Annual Reaffirmation (vgl. unter URL http://www.export.gov/safeharbor/eg_main_018471.asp), insbesondere deren letztem Absatz, ergibt sich, dass dieser Status nur bei einer erfolgreichen Erneuerung der Registrierung angezeigt wird (andernfalls würde "Not Current" erscheinen).

Abbildung 35 Auszug aus den Salesforce Geschäftsbedingungen[123]

Generell unterliegen Verträge zwar der Gestaltungsfreiheit, allerdings ist das BDSG die nationale Basis für den Datenschutz in Deutschland und damit zwingend zu beachten. Je nachdem, wo der CSP seinen Sitz hat sind noch die, in Kapitel 5.3 und 5.4 dargestellten Vorschriften der EU und die nationalen Vorschriften des CSPs einzuhalten.

Kapitel 5.5.1 umfasst den Einsatz von Checklisten, die immer häufiger im Umlauf sind und bei der Vertragsgestaltung gerne als Hilfe eingesetzt werden.

Des Weiteren wird in Kapitel 5.5.2 auf die Service Level Agreements eingegangen, da diese speziell beim Cloud Computing zum Einsatz kommen und vertraglich festgehalten werden müssen.

Die in diesem Kapitel dargestellte Vertragsgestaltung bezieht sich nur auf die Verarbeitung von personenbezogenen Daten und deren Schutz, sowie die Definition und Verfügbarkeit der einzelnen Service Level. Andere weitere wichtige Vertragsinhalte, z.B. bezüglich der Kosten, sind demnach noch zu ergänzen.

Der Bereich der Cloud Compliance wird in Kapitel 5.6 erläutert, da dieser das Gesamtwerk aller Verträge umfasst und auch eine immer größere Bedeutung im Bereich des Cloud Computings erfährt.

---

[123] Abbildung nach [And11] S.11

5.5.1 Checklisten

Zurzeit existieren verschiedene Checklisten, die als Grundlage für die Vertragsgestaltung und Einführung des Cloud Computings in das Unternehmen genutzt werden können. Beim Einsatz von Checklisten ist zu beachten, dass diese nur als Grundlage dienen, aber nicht als alleinige Entscheidungsgrundlage, denn der Einzelfall erfordert im Regelfall zugeschnittene Lösungen. Eine Checkliste, die in Zusammenarbeit mit der BITKOM erarbeitet wurde, ist unter [124] zu finden. Diese Checkliste umfasst in den Teilen 1-3 und 5 schwerpunktmäßig alle Faktoren außerhalb des Datenschutzes und wird daher hier nicht weiter behandelt. Zur Einführung von Cloud Computing innerhalb eines Unternehmens können die Teile 1-3 und Teil 5 der Checkliste gute Begleiter sein und helfen, an das Wesentliche zu denken. Der Teil 4 der Checkliste umfasst den rechtlichen Rahmen, der aber nur als Basis genommen werden kann, weil dieser nicht besonders ausführlich ist und somit auch nicht alles abdeckt.

Eine weitere zu empfehlende Publikation ist von der BITKOM erarbeitet wurden und hat ihren Schwerpunkt in der Unterstützung von Entscheidern zum Thema Cloud Computing[125]. Auch in dieser Publikation ist der vertragliche Aspekt durchleuchtet worden und kann als Grundlage oder Vergleich dienen.

Aus rechtlicher Sicht gibt es derzeit verschiedene Checklisten, von denen hier eine dargestellt wird, da diese vom EuroCloud Deutschland_eco e.V. speziell für den Bereich Cloud Computing in der Wirtschaft auf dem deutschen Markt erstellt wurde. Diese Liste beschäftigt sich ausschließlich mit Problemen im Cloud Computing und deren Lösung. Des Weiteren wird die Möglichkeit der stufenweisen Zertifizierung bei der Vertragsgestaltung durch diesen unabhängigen Verein angeboten. Die hier in Teilen dargestellten Punkte der Checkliste können in [126] im Detail nachgelesen werden.

Im Allgemeinen beziehen sich die Checklisten immer auf die nationalen Gesetze und bei Bedarf auf internationale Gesetze, wie in Kapitel 5.1 bis 5.4 dargestellt.

Spezielle vertragliche Aspekte, die im Cloud Computing im Fokus stehen, sind z.B. die vertragliche Regelung der Einbindung von Unterauftragnehmern. Diese Konstellation kann beim Cloud Computing z.B. vorkommen, wenn der CSP nur ein Zwischenmittler und somit der Rechenzentrumsbetreiber der Unterauftragnehmer ist. Dieses ist im Vertrag festzuhalten. Hier gilt es demnach, die Verpflichtungen des Unterauftragsnehmers in den Vertrag mit aufzunehmen.

Ein weiterer Punkt sind die Maßnahmen, die bei der Insolvenz einer Vertragspartei zu treffen sind. So gelten weiterhin für den Cloud-Kunden die gesetzlichen Aufbewahrungsfristen spezieller z.B. steuerrechtlicher Dokumente. Des Weiteren sollte vertraglich eine Exportmöglichkeit der Daten und ggf. der Software zu einem anderen CSP bei einer Insolvenz festgehalten werden.

---

[124] Vgl.: [Hab11]
[125] Vgl.: [BIT10]
[126] Vgl.: [Eur10] S. 22-27

Die hier dargestellten Punkte sind ein Auszug aus der Checkliste des EuroCloud-Leitfadens[127]. Dieser Leitfaden kann als gute Basis für die Vertragsgestaltung genutzt werden, allerdings kann er nicht als alleinige Entscheidungsgrundlage dienen da Einzelfallentscheidungen zu bedenken sind.

Checklisten im Allgemeinen sind ein sehr nützliches Werkzeug bei der Vertragsgestaltung und stehen inzwischen auch in einer ausreichend hohen Qualität zur Verfügung. Sie sollten aber nicht als alleinige Grundlage dienen, da Einzelfallentscheidungen immer noch spezielle Anpassungen auf das Unternehmen benötigen.

5.5.2 Service Level Agreements

Service Level Agreements (SLA) sind wichtige Bestandteile des Cloud Computings. SLA beschreiben die vereinbarten Leistungen sowie die Qualität der Leistung im Detail. Das können z.B. die Verfügbarkeit oder die Erreichbarkeit des Services sein.

Darüber hinaus wird in den SLA auch beschrieben, welche Folgen ein Verstoß gegen das SLA hat und welche Maßnahmen zu treffen sind. SLA sind keine Neuerung, die im Rahmen des Cloud Computings erschienen ist, sondern im Rahmen des Outsourcings wurde SLA schon vermehrt eingesetzt. In Deutschland sind SLA auch unter dem Begriff „Dienstgütevereinbarung" bekannt.

Gemessen werden SLA-Leistungen an sogenannten Key Performance Indicator (KPI). Ein KPI kann z.B. die Verfügbarkeit der Cloud über einen definierten Messzeitraum sein. Hier sind Werte über 99% in den SLA zu empfehlen. Bei einem Messzeitraum von einem Jahr und einer Ausfallzeit von 1%, sind dies 3,65 Tage oder aber 87,6 Stunden, was schon einen erheblichen finanziellen Schaden, je nach Service, für ein Unternehmen bedeuten würde.

Auch die Sicherheit wird in einem SLA definiert. So werden z.B. der Backup Rhythmus oder aber die Überwachung der Systeme festgelegt, indem man die Reaktionszeit bestimmt bis der Fehler erkannt und der Kunde informiert wurde.

Eine gute Checkliste für den Einsatz von SLA ist unter [128] zu finden und kann als entsprechend gute Basis genutzt werden.

Generell gilt, dass SLA sehr detailliert und sorgfältig ausgearbeitet werden müssen, damit beim Auftreten von Fehlern oder Ausfällen festgelegt ist, wie zu verfahren ist. Ein zu allgemein gefasstes SLA kann nach dem Eintreten eines Ausfalls schnell zu rechtlichen Diskussionen in Bezug auf die Verantwortung führen.

Abbildung 36 zeigt eine beispielhafte Grobauswahl eines Service Levels bei Fujitsu Siemens. Diese Grobauswahl umfasst im Schwerpunkt die KPI und ist nicht besonders detailliert dargestellt.

---

[127] Vgl.: [Eur10] S.22-27
[128] Vgl.: [Neu07]

Service Level Auswahl

Definition	Service Level		
Service-Betrieb	7 x 24		
Bediente Service-Zeit	Mo-Fr 8.00 - 17.00 MEZ		
	Allround	Advanced	Superior
Verfügbarkeit der Infrastruktur im Rechenzentrum von Fujitsu, Messpunkt der Verfügbarkeit ist die Internet-Schnittstelle im Rechenzentrum von Fujitsu (außerhalb der Wartungszeiten)	98,0 %	99,0 %	99,5 %
Einrichten neuer Kunden	10 Arbeitstage	10 Arbeitstage	10 Arbeitstage
Bereitstellung virtueller Server (~30Min.)	5 Arbeitstage	3 Arbeitstage	3 Arbeitstage
Bereitstellung dedizierter Server	10 Arbeitstage	5 Arbeitstage	5 Arbeitstage

Optionale Services:
- ✓ Administration Support
- ✓ Erstellen VMDK (VM Disk Format)
- ✓ Active Directory Integration
- ✓ System zurücksetzen (Reset)
- ✓ Wiederherstellung von Daten aus Snapshot

Die Verfügbarkeit wird an der Verbindungsstelle des Fujitsu Rechenzentrums gemessen. Voraussetzung bei allen Definitionen sind unveränderte Zugriffskonfigurationen der Server.

Abbildung 36 SLA Auswahl Fujitsu Siemens[129]

5.6 Cloud Compliance

Cloud Compliance umfasst alle, in den vorhergegangenen Kapiteln dargestellten Maßnahmen, Gesetze und Vereinbarungen und deren nachweisbare Einhaltung unter einem Begriff. Die BITKOM definiert Cloud Compliance nicht besonders speziell:

„Cloud Compliance bezeichnet die nachweisbare Einhaltung von Regeln zur Nutzung oder Bereitstellung von Cloud Computing."[130]

Aufgrund dessen, dass Cloud Computing nicht neu ist, baut das Cloud Compliance auf dem normalen IT-Compliance auf. Die Bereiche der IT-Compliance umfassen z.B. die Verfügbarkeit, Nachvollziehbarkeit oder die Sicherheit der IT-Services.

Aufbauend auf der IT-Compliance besteht die Cloud Compliance somit aus drei Grundbausteinen, die nachstehend erläutert werden.

---

[129] Abbildung nach: [Mah10]
[130] Zitat nach [BIT10] S.88

Da sind zunächst die Anforderungen, die an das Cloud Compliance gestellt werden. Hierunter fallen die gesetzlichen Regelungen, wie auch alle benötigten Sicherheitsmechanismen, die innerhalb des Cloud Computings implementiert sind.

Ein weiterer Baustein sind die Risiken und deren Maßnahmen. Cloud Computing bringt neben den existierenden Risiken beim Einsatz der klassischen IT noch weitere Risiken mit sich, die hier betrachtet werden. Ein Risiko ist z.B. die Internetverbindung, der eine erhöhte Beachtung bekommt, da nur über diese der Zugriff zur Cloud gewährt wird. Ein besonderes Cloudspezifisches Risiko ist somit auch die Auslagerung der direkten Kontrolle über die Daten und der Zugriff Dritter auf die Cloud.

Der Baustein umfasst ebenfalls die Maßnahmen, die beim Eintritt eines vorher definierten Risikos getroffen werden müssen. Eine Auflistung mit möglichen Risiken aus Sicht des Datenschutzes und der entsprechenden Technik, hat die BITKOM aufgestellt und wird in Anlage C dargestellt und erläutert.

Der letzte Baustein umfasst die Grenzen des Cloud Compliance. Die Grenzen des Cloud Compliance umfassen vor allem die Prozesslandschaft des eigenen Unternehmens. Durch die erhöhte Flexibilität einzelner Entscheider in der Veränderung und Verlagerung einzelner Prozesse in die Cloud muss die Cloud Compliance immer angepasst werden. Sollte aber eine Prozessverlagerung, ohne die Einbeziehung der IT-Abteilung stattfinden, welche die Cloud Compliance i.d.R. überwacht, ist die Cloud Compliance hinfällig, da diese dann nicht auf diese Prozessverlagerung ausgerichtet ist.[131] Eine Prozessverlagerung kann dazu führen, dass der Prozess ohne Fachwissen in die Cloud gelagert wird, wo dieser dann nicht mit den vertraglichen Bestandteilen der Cloud Compliance abgesichert ist. Dies kann sowohl strafrechtliche Folgen bei einer nicht ausreichenden vertraglichen Gestaltung haben, als auch zu einem finanziellen Schaden führen, wenn beispielsweise durch eine unzureichende Absicherung wichtige Unternehmensdaten verloren gehen.

Abbildung 37 zeigt eine grafische Darstellung der Bausteine des Cloud Compliance und deren Zusammenspiel auf den verschiedenen Ebenen.

---

[131] Vgl.: [BIT10] S.99

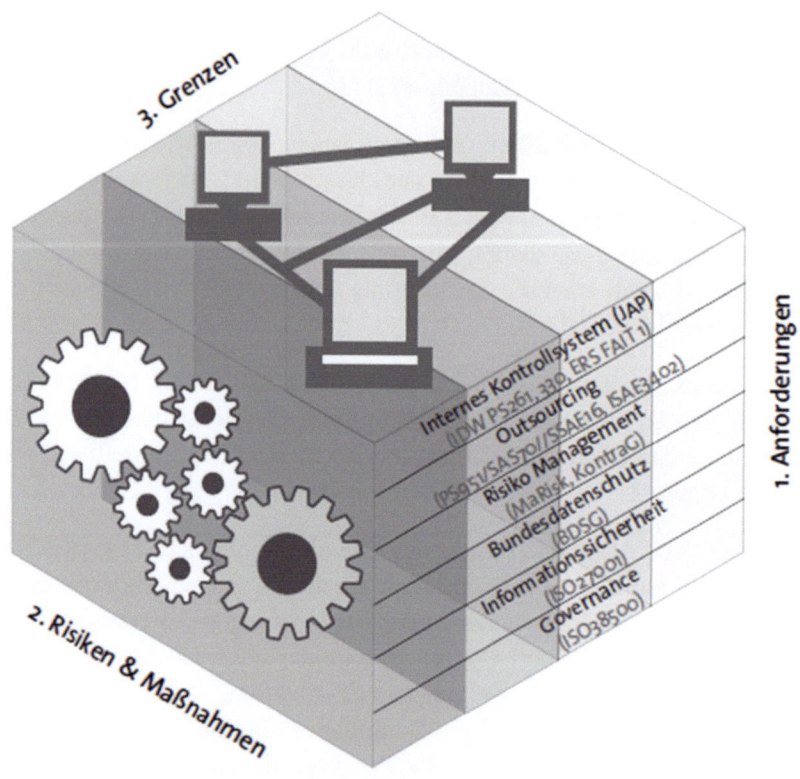

Abbildung 37 Herausforderungen an das Cloud Compliance[132]

Abschließend kann zum Thema Cloud Compliance gesagt werden, dass diese alle in Kapitel 5 dargestellten juristischen Grundlagen umfasst. Cloud Compliance ist das gesamte Stückwerk und präzisiert einzelne Abschnitte zur optimalen Abstimmung des Cloud Services zwischen dem CSP und dem Cloud-Kunden und sowie ihre nachweisbare Einhaltung.

5.7 Zusammenfassung

Zusammenfassend kann zu den juristischen Grundlagen gesagt werden, dass diese wenig Neuerungen im Vergleich zum Outsourcing beinhalten. Neuerungen umfassen im Schwerpunkt die internationale Verarbeitung von personenbezogenen Daten. Das nationale BDSG beinhaltet keine Erstmaligkeiten im Vergleich zum Outsourcing, da dieses technikneutral ist und somit sowohl im Cloud Computing als auch im Outsourcing Anwendung findet.

---

[132] Abbildung nach: [BIT10] S.90

Beim Einsatz von Cloud Services, welche außerhalb der EU ihre Serverstandorte haben, müssen die speziellen Abkommen zwischen der EU und den einzelnen Staaten beachtet werden und benötigen noch Abstimmungen zwischen den Staaten wie z.B. den USA.

Abschließend kann zum Thema der Vertragsgestaltung bei der Nutzung des Cloud Computings gesagt werden, dass es vor allem für kleine Unternehmen ohne Rechtsabteilung zu Beginn ratsamer ist, eine Lösung im europäischen Raum zu wählen. Für diese Lösungen ist der Aufwand nicht sehr hoch, da es schon viele Musterverträge wie [133] gibt und diese zum Teil gut genutzt werden können. Bei den Musterverträgen sind aber im Einzelfall die Besonderheiten zu berücksichtigen und sollten nicht, wie bei den Checklisten, als alleinige Grundlage dienen.

Die in diesem Kapitel dargestellten juristischen Grundlagen beziehen sich auf die Verarbeitung personenbezogener Daten und die Sicherheit in der Cloud.

Die bekanntesten Beispiele aus anderen Branchen sind Exportregularien sowie die Verarbeitung von Patientendaten im Bereich der Medizin. In solchen Fällen können weitere spezifische gesetzliche Vorgaben, je nach Branche und Kontext, eine wichtige Rolle spielen.

---

[133] Vgl.: [Ges09]

6. Fazit

Cloud Computing ist zwar neu im Bereich der IT, bringt aber nicht viel Neues mit. Cloud Computing ist eng verwandt mit dem Outsourcing, das schon Mitte der 90er-Jahre Einzug in die IT gehalten hat. Der Unterschied besteht darin, dass Cloud Computing eine andere technische Basis besitzt wie das Outsourcing. Dies bezieht sich darauf, dass beim Cloud Computing andere Techniken zur Realisierung eingesetzt werden, wo beim Outsourcing die gleiche Technik eingesetzt wird, wie bei der klassischen IT-Infrastruktur. Speziell sei hier auf den Cloud Controller hingewiesen der als besonderes Softwareelement beim Cloud Computing zum Einsatz kommt. Derzeit streiten noch viele Experten über die genaue Unterscheidung zwischen Outsourcing und Cloud Computing, da sich auch beim Outsourcing die technischen Mittel ständig verändern. So wird mittlerweile auch beim Outsourcing die Virtualisierungstechnik eingesetzt was die Unterscheidung wieder schwieriger gestaltet.

Durch die enge Verwandtschaft mit dem Outsourcing können die Gesetze, die im Outsourcing schon genutzt werden, Anwendung finden und bedürfen vorerst keiner Änderung. Im Rahmen des Cloud Computings ist es aber erstrebenswert, einheitliche Datenschutzgesetze innerhalb der EU zu verabschieden, damit die Nutzung des Cloud Computings durch eine vereinfachte Vertragsgestaltung erleichtert wird. Die EU-weite Vertragsgestaltung hat mit der Einführung des Cloud Computings erst eine größere Beachtung gefunden, weil die meisten Outsourcing-Lösungen auf nationaler Ebene realisiert werden und somit nur nationales Recht Anwendung findet.

Die Sicherheit innerhalb der Cloud wird gerne infrage gestellt. Inzwischen haben aber viele Cloud-Anbieter dem Thema eine entscheidende Bedeutung beigemessen, wodurch die Sicherheit kontinuierlich erhöht wird. Viele Anbieter, seien es Rechenzentrumsbetreiber oder CSPs, lassen sich nach den verschiedensten Modellen zertifizieren, um den Kunden Vorbehalte gegenüber der Nutzung von Cloud Diensten zu nehmen.

Beispiele für die Zertifikate sind hier die ISO 27001, nach der sich Rechenzentrumsbetreiber ihre Managementsysteme zertifizieren lassen können. Ein weiteres Beispiel ist der EuroCloud Star Audit, der das Angebot eines CSPs wenigstens in Grundzügen auf eine datenschutzkonforme Vertragsgestaltung sowie eine rechtskonforme Umsetzung hin prüft und dies entsprechend bescheinigt.

Es sollte aber niemand blauäugig an das Cloud Computing herangehen und einfach loslegen in der Hoffnung: „Es wird schon nix schiefgehen.". Eine genaue Auswahl des CSPs ist zwingend erforderlich, um Cloud Computing sicher zu nutzen. Auch ist ein Konzept, wie Cloud Computing genutzt werden soll, notwendig, damit eine Entscheidung über die zu nutzenden Cloud Services getroffen werden kann. Ein Leitfaden für Entscheider wurde von der BITKOM[134] entwickelt und es ist vor dem Weg in die Cloud empfehlenswert diese Publikation zu lesen.

---

[134] Vgl.: [BIT10]

Zur Sensibilisierung wird empfohlen unter [135], die zehn größten Pannen in der Cloud nachzulesen. Auch große Anbieter von Cloud-Lösungen bleiben vor Pannen nicht verschont[136], aber auch diese lernen aus dem Szenario und haben entsprechende Gegenmaßnahmen eingeleitet. Diese Vorfälle sollten Cloud-Kunden aufzeigen, dass ein Vertrauen in einen CSP schnell zu einem wirtschaftlichen Schaden führen kann.

Ein wesentlicher Schwachpunkt des Cloud Computings liegt derzeit noch auf der Anbieterseite, da diese ihre Strukturen im Hintergrund nicht transparent genug für den Kunden gestaltet. Durch diese Intransparenz üben noch viele Unternehmer Zurückhaltung, da sie die gesetzlichen Forderungen einhalten müssen und somit vorher bekannt sein muss, wo die Daten genau verarbeitet werden. In diesem Punkt sind die Anbieter gefordert, ihre Strukturen offener zu gestalten, um das Vertrauen der Unternehmen zu gewinnen.

Zum Abschluss soll Abbildung 38 grafisch darstellen, welche Faktoren bei der Nutzung von Cloud Services und der Vertragsgestaltung Beachtung finden müssen.

Abbildung 38 Ergänzung der BSI Sicherheitsempfehlungen[137]

---

[135] Vgl.: [JRR11]
[136] Vgl.: [Kue11]
[137] Abbildung nach [Feg11] S. 15 Original erstellt aus [Bun11]

7. Ausblick

Wohin geht die Cloud? Diese Frage beschäftigt derzeit viele IT-Experten. Es gibt verschiedene Faktoren, die die Richtung steuern können und damit auch vom Erfolg des Cloud Computings abhängig sind.

Ein erster wichtiger Schritt wird darin bestehen, eine EU-weite Datenschutzregelung bzw. -verordnung zu erlassen, damit nicht, wie in Abbildung 39 schematisch dargestellt, jedes Land seine eigene Regelung hat. Diese Verordnung ist im Entwurf vorab im Internet erschienen und wird in Anlage D untersucht. Dieser Entwurf sollte ursprünglich am 25.01.2012 veröffentlich werden wurde aber frühzeitig ins Internet gestellt. Dieser Entwurf ist ein erster Schritt hin zu einem einheitlichen Datenschutzniveau in der EU. Mit einem Inkrafttreten der Verordnung wird aber vor dem Jahr 2014 nicht gerechnet, da es sich noch um einen Entwurf handelt und noch viele Abstimmungen getroffen werden müssen.

Abbildung 39 EU-Überblick[138]

Eine weitere wichtige Neuerung wird nötig sein, damit das Cloud Computing akzeptiert wird. Nur mit der Entwicklung und Bereitstellung von Standards zur Kommunikation und zum Datenaustausch zwischen verschiedenen CSPs wird es den Anbietern gelingen, die Kunden zu überzeugen. Nach dem jetzigen Stand sind diese Standards noch nicht definiert, sodass sich Kunden direkt an einen CSP binden müssen und bei einem Wechsel es demgemäß zu erheblichen Schwierigkeiten kommen kann.

Sollten diese Maßnahmen zeitnah umgesetzt werden, bestehen für das Cloud Computing aus meiner Sicht gute Chancen, die IT-Landschaft zu revolutionieren und erfolgversprechend zu verändern.

---

[138] Abbildung nach [And11] S.9

8. Literaturverzeichnis

[Clo09] Alliance, C. S. (Dezember 2009). Abgerufen am 25. September 2011 von http://www.cloudsecurityalliance.org/guidance/csaguide.v2.1.pdf

[Ama11] Amazon. (November 2011). *Amazon Web Services*. Abgerufen am 08. November 2011 von http://aws.amazon.com

[Ama111] Amazon. (Mai 2011). Amazon Web Services: Overview of Security Processes.

[Ama10] Amazon.com. (01. August 2010). *aws.amazon.com*. Abgerufen am 24. Januar 2012 von http://awsdocs.s3.amazonaws.com/AmazonCloudWatch/latest/acw-dg.pdf

[B4B11] B4B Mittelstand. (29. März 2011). *B4BMittelstand.de*. Abgerufen am 02. Januar 2012 von Buisness for Buisness. Entscheiderwissen im Überblick: http://www.b4bmittelstand.de/nachrichten/it_artikel,-Haeufig-gestellte-Fragen-zum-Thema-Cloud-Computing-_arid,61202.html

[Bau10] Baun, K. (2010). *Informatik im Fokus Cloud Computing Web-basierte dynamische IT- Services*. Berlin: Springer.

[Bea09] Beaker. (16. April 2009). *rationalsurvivability*. Abgerufen am 21. November 2011 von http://www.rationalsurvivability.com/blog/?p=743

[Bit10] BITKOM. (2010). Betriebssichere Rechenzentren Leitfaden Version 2. Berlin, Berlin, Deutschland.

[Bit09] BITKOM. (2009). *Cloud Computing – Evolution in der Technik, Revolution im Business*. Berlin: Bitkom.

[BIT10] BITKOM. (2010). Cloud Computing – Was Entscheider wissen müssen. Berlin, Berlin, Deutschland.

[Bök11] Böken, A. (13. Juli 2011). *www.Handelsblatt.de*. Abgerufen am 02. Dezember 2011 von Wie gefährlich das Cloud Computing ist: http://www.handelsblatt.com/technologie/it-tk/it-internet/wie-gefaehrlich-das-cloud-computing-ist/4386484.html?p4386484=all

[Bun09] Bundesamt für Sicherheit in der Informationstechnik. (2009). *Bundesamt für Sicherheit in der Informationstechnik*. Abgerufen am 24. November 2011 von M2.198: https://www.bsi.bund.de/ContentBSI/grundschutz/kataloge/m/m02/m02198.html

[Bun10] Bundesamt für Sicherheit in der Informationstechnik. (2010). *Bundesamt für Sicherheit in der Informationstechnik*. Abgerufen am 17. November 2011 von https://www.bsi.bund.de/cln_183/DE/Themen/ITGrundschutz/LeitfadenInformationssicherheit/leitfaden_node.html

[Bun11] Bundesamt für Sicherheit in der Informationstechnik. (Mai 2011). *https://www.bsi.bund.de*. Abgerufen am 30. September 2011 von https://www.bsi.bund.de/SharedDocs/Downloads/DE/BSI/Mindestanforderungen/Eckpunktepapier-Sicherheitsempfehlungen-CloudComputing-Anbieter.pdf

[Bun08] Bundesamt für Sicherheit in der Informationstechnik. (2008). *Informationssicherheit und IT-Grundschutz BSI -Standards 100-1,100-2 und 100-3*. Berlin: Bundesanzeiger Verlag.

[Bun101] Bundesnetzagentur. (23. Juli 2010). *Bundesnetzagentur*. Abgerufen am 28. November 2011 von http://www.bundesnetzagentur.de/cln_1912/DE/Sachgebiete/QES/Veroeffentlichungen/Zertifizierungsdiensteanbieter/ZertifizierungsDiensteAnbietr_node.html;jsessionid=EEA8CD8686208FF2B0758D79522C7938#doc157728bodyText1

[Cas90] Case, J., Fedor, M., Schoffstall, M., & Davin, J. (Mai 1990). *ietf.org*. Abgerufen am 29. November 2011 von RFC 1157: http://tools.ietf.org/html/rfc1157

[Cis06] Cisco Systems. (17. März 2006). *www. Tecchannel.de*. Abgerufen am 15. Dezember 2011 von http://www.tecchannel.de/netzwerk/lan/434093/einfuehrung_in_vlans_teil_1/

[Bui11] Cloud, B. (06. Oktober 2011). *Buisness Cloud*. Abgerufen am 09. November 2011 von http://www.business-cloud.de/?p=6334

[Clo11] Cloud-Practice. (2011). *Cloud-Practice*. Abgerufen am 08. November 2011 von http://www.cloud-practice.de/know-how/abrechnungsmodelle-fuer-cloud-services

[Dep11] Department of Commerce. (2011). *Safe Harbor List*. Abgerufen am 06. Dezember 2011 von export.gov: https://safeharbor.export.gov/list.aspx

[Ele10] Elektronik-Kompendium. (2010). *Elektronik-Kompendium*. Abgerufen am 15. November 2011 von http://www.elektronik-kompendium.de/sites/com/1101011.htm

[Euc11] Eucalyptus Systemy Inc. (2011). *Eucalyptus.com*. Abgerufen am 08. Dezember 2011 von http://go.eucalyptus.com/rs/eucalyptus/images/Eucalyptus%20Overview_White%20Paper.pdf

[Eur10] EuroCloud Deutschland_eco e. V. (02. Dezember 2010). Leitfaden Cloud Computing Recht, Datenschutz & Compliance. Köln, Nordrhein Westfalen, Deutschland.

[Eur101] Europäische Kommission. (05. Februar 2010). EU Standardvertragsklauseln. Brüssel, Belgien.

[Eur102] European commission. (08. November 2010). *European commission justice*. Abgerufen am 25. Januar 2012 von http://ec.europa.eu/justice/policies/privacy/binding_rules/index_en.htm

[Eur11] European Commission. (29. November 2011). the protection of individuals with regard to the processing of personal data and on the free movement of such data (General Data Protection Regulation) Version 56. Brüssel, Belgien.

[Fed11] Federal Trade Commission. (2011). *www.ftc.gov*. Abgerufen am 06. Dezember 2011 von http://business.ftc.gov/privacy-and-security/children%E2%80%99s-online-privacy/safe-harbor-program

[Feg11] Feger, U. (22. November 2011). Der Weg zur Cloud Security - ein Transformationsprozess. Frankfurt, Hessen, Deutschland.

[Frö10] Fröschle, H.-P. (2010). *Cloud Computing und SaaS*. Oktober: dpunkt.verlag.

[Ges09] Gesellschaft für Datenschutz und Datensicherheit. (13. Oktober 2009). *Neues Muster der GDD zur Auftragsdatenverarbeitung gemäß § 11 BDSG*. Abgerufen am 02. Dezember 2011 von https://www.gdd.de/nachrichten/news/neues-gdd-muster-zur-auftragsdatenverarbeitung-gemas-a7-11-bdsg

[Goo11] Google. (November 2011). *Google App Engine*. Abgerufen am 08. November 2011 von http://code.google.com/intl/de-DE/appengine/

[Hab11] Habel, A., Wilker, A., Becker, B., Siebers, B., Przyware, B., Luhn, A. D., et al. (24. September 2011). *www.Cloud-practice.de*. Abgerufen am 07. Dezember 2011 von http://www.cloud-practice.de/know-how/cloud-computing-%E2%80%93-checkliste-fuer-die-einfuehrung-im-unternehmen

[Mar09] Habenschaden, M. (09. April 2009). Wirtschaftlichkeit von Servervirtualisierung mit VMWare ESX in Enterpriseumgebungen bei IT-Dienstleistern. München, Bayern, Deutschland.

[Han11] Handelsblatt. (20. Mai 2011). *www.Handelsblatt.com*. Abgerufen am 05. Januar 2012 von Internetkriminalität steigt auf Rekordwert: http://www.handelsblatt.com/politik/deutschland/internetkriminalitaet-steigt-auf-rekordwert/4199792.html

[Hau06] Hauer, P. (13. Dezember 2006). *www.philliphauer.de*. Abgerufen am 10. September 2011 von http://www.philipphauer.de/info/info/asymmetrische-verschluesselung/

[Hei111] Heise Online. (07. Dezember 2011). *EU-Datenschutzverordnung: Gegen den unkontrollierten Datenstrom*. Abgerufen am 31. Dezember 2011 von http://www.heise.de/ct/artikel/EU-Datenschutzverordnung-Gegen-den-unkontrollierten-Datenstrom-1391778.html?view=zoom

[Hei10] Heise Online. (25. Mai 2010). *Heise Security*. Abgerufen am 24. November 2011 von http://www.heise.de/newsticker/meldung/EFF-zweifelt-an-Abhoersicherheit-von-SSL-963857.html

[Hei11] Heise, Verlag. (07. August 2011). *Heise*. Abgerufen am 08. August 2011 von http://www.heise.de/ix/meldung/Blitz-stoert-Amazons-und-Microsofts-Cloud-in-Irland-1319332.html

[Hog11] Hogan, M., Liu, F., Sokol, A., & Tong, J. (2011). *NIST Cloud Computing Standards Roadmap*. Gaithersburg: NIS.

[Mar10] Huber, M.-M. (2010). *Cloud Computing: Praxisratgeber und Einstiegsstrategien.* Frankfurt: Entwickler.Press.

[Hül06] Hülsdau, T. (März 2006). Schutz eines Rechenzentrums gegen externe Angriffe durch den Einsatz virtuellerIDS-Sensoren und Honeypots. Aachen, Nordrhein Westfalen, Deutschland.

[IBM04] IBM. (04. Dezember 2004). *www.ibm.com*. Abgerufen am 23. Januar 2012 von http://publib.boulder.ibm.com/tividd/td/TRM/SC23-4822-00/de_DE/HTML/user277.htm

[IDC11] IDC Deutschland. (06. Juni 2011). *www.idc.de*. Abgerufen am 02. Januar 2012 von http://www.idc.de/press/presse_mc_cloud2011.jsp

[IPC04] IPCtec. (2004). *IPCtec Cologne.* Abgerufen am 15. November 2011 von http://www.ipctec.de/virtual.php

[ISe11] ISecT Ltd. (2011). *ISO27001Security.* Abgerufen am 21. November 2011 von http://www.iso27001security.com/html/27001.html

[ITI11]ITIL. (2011). *ITIl Official Site.* Abgerufen am 23. November 2011 von http://www.itil-officialsite.com/home/home.aspx

[ITW11] ITWissen. (kein Datum). *ITWissen.* Abgerufen am 16. November 2011 von Betriebssystemvirtualisierung: http://www.itwissen.info/definition/lexikon/Betriebssystemvirtualisierung-operatingsystem-

[ITW111]ITWissen. (kein Datum). *ITWissen.* Abgerufen am 16. November 2011 von Paravirtualisierung: http://www.itwissen.info/definition/lexikon/Paravirtualisierung-para-virtualization.html

[JRR11] JR, R. (27. Juni 2011). *www.infoworld.com*. Abgerufen am 07. Dezember 2011 von http://www.infoworld.com/print/164902

[Mat09] K., M. (2009). *Cloud security and Privacy An Enterprise Perspective on Risks an Compliance.* Sebastopol: O´Reilly Media Inc.

[Ken04] Kentschke, M., Gruhn, W. P., & Beydeda, S. D. (23. Februar 2004). Aufgaben, Struktur und Funktion von Public-Key-Infrastrukturen. Leipzig, Sachsen, Deutschland.

[Köh11] Köhler-Schute, C. (2011). *Cloud Computing: Neue Optionen für Unternehmen: Strategische Überlegungen, Konzepte und Lösungen, Beispiele aus der Praxis.* Berlin: Ks-Energy-Verlag.

[Düs10] Kreis, D. (23. August 2010). Beschluss der obersten Aufsichtsbehörden für den Datenschutz im nicht-öffentlichen Bereich am 28./29. April 2010 in Hannover. Hannover, Niedersachsen, Deutschland.

[Kru10] Krutz, R. L., & Vines, R. D. (2010). *Cloud Security A Comprehensive Guide to Secure Cloud Computing.* Indianapolis: Wiley Publishing Inc.

[Kue11] Kuert Datenrettung Deutschland GmbH. (03. Mai 2011). *datenrettung-fakten.de*. Abgerufen am 20. Oktober 2011 von http://www.datenrettung-fakten.de/Daten-in-der-Cloud-Amazons-Datenverlust-Disaster.html

[Lau10] Lauert Thomas. (14. November 2010). *Universität Potsdam*. Abgerufen am 08. August 2011 von Symmetrische Verschlüsselung: http://ddi.cs.uni-potsdam.de/Lehre/e-commerce/elBez2-5/page05.html

[Lau101] Lauert, T. (14. November 2010). *Universität Potsdam*. Abgerufen am 08. August 2011 von Asymmetrische Verschlüsselung: http://ddi.cs.uni-potsdam.de/Lehre/e-commerce/elBez2-5/page06.html

[Lau102] Lauert, T. (04. November 2010). *Universität Potsdam*. Abgerufen am 08. August 2011 von Hybride Verschlüsselung: http://ddi.cs.uni-potsdam.de/Lehre/e-commerce/elBez2-5/page07.html

[Len09] Lenk, A., Klems, M., Nimis, J., Tai, S., & Sandholm, T. (2009). What's Inside the Cloud? An Architectural Map of the Cloud Landscape. Karlsruhe, Deutschland.

[Mah10] Mahnhart, K. D. (19. August 2010). *www.tecchannel.de*. Abgerufen am 13. Dezember 2011 von http://www.tecchannel.de/server/cloud_computing/2030342/cloud_computing_sla_service_level_agreement_monitoring_abrechnung/

[Man11] ManageEngine ZOHO Corp. (08. September 2011). *SNMPLink*. Abgerufen am 05. Oktober 2011 von http://www.snmplink.org/snmparticles/abeginnersguide/

[Mic11] Microsoft. (2011). *Microsoft.com*. Abgerufen am 21. November 2011 von http://www.microsoft.com/de-de/business/it-business-network/private-cloud.aspx

[Mic111] Microsoft Technet. (2011). *Microsoft Technet*. Abgerufen am 24. November 2011 von http://technet.microsoft.com/en-us/library/bb742592.aspx

[Mun02] Mundy, R., Case, J., Partain, D., Ericsson, & Stewart, B. (Dezember 2002). *ietf.org*. Abgerufen am 29. November 2011 von RFC 3410: http://tools.ietf.org/html/rfc3410

[Neu07] Neuenschwander, P. D., & Heiniger, J. l. (03. Februar 2007). *www.rwi.uzh.ch*. Abgerufen am 07. Dezember 2011 von http://www.rwi.uzh.ch/oe/zik/archiv/ChecklisteSLA.pdf

[NIS09] NIST. (20. Mai 2009). *National Institute of Standards and Technology*. Abgerufen am 18. Oktober 2011 von http://www.nist.gov/itl/cloud/cloud_052009.cfm

[Pae11] Paessler AG. (2011). *CloudClimate*. Abgerufen am 29. November 2011 von watching the Clouds: http://www.cloudclimate.com/

[Pan11] Panda Security. (2011). Funktion of collective intelligence. USA, Maryland.

[Chr11] Pütter, C. (10. Februar 2011). *CIO*. Abgerufen am 21. November 2011 von http://www.cio.de/knowledgecenter/security/2261159/index.html

[Uli08]Ries, U. (24. Dezember 2008). *Computerwoche*. Abgerufen am 21. November 2011 von http://www.computerwoche.de/subnet/hp-intel/1882794/

[Roh08] Rohwetter, M. (24. November 2008). *Die Zeit*. Abgerufen am 18. Januar 2012 von http://www.zeit.de/2008/31/Cloud-Computing31

[Sal11]Salesforce. (01. Februar 2011). Die Sales Cloud. San Francisco, USA.

[Sch09] Schmeh, K. (2009). *Kryptografie: Verfahren, Protokolle, Infrastrukturen 4. Auflage*. Heidelberg: dpunkt Verlag.

[Sch10] Schwenk, J. (2010). *Sicherheit und Kryptographie im Internet: Von sicherer E-Mail bis zu IP-Verschlüsselung 3. Auflage*. Wiesbaden: Vieweg+Teubner Verlag.

[Sch11] Schwenk, J., Somorovsky, J., Jensen, M., Gruschka, N., & locono, L. l. (21. Oktober 2011). All Your Clouds are Belong to us – Security Analysis of Cloud Management Interfaces. Chicago, Illinois, USA.

[Sec11] Secunet, Bundesamt für Sicherheit in der Informationstechnik. (2011). Studie zur IT-Sicherheit in kleinen und mittleren Unternehmen. Bonn, Nordrhein Westfalen, Deuthschland.

[Log11] secure, l. (2011). *www.logicallysecure.com*. Abgerufen am 15. Dezember 2011 von http://www.logicallysecure.com/security-news/the-sony-summary/

[Sim10] Simpolinski, P., & Thain, D. (6. Oktober 2010). A Comparison and Critique of Eucalyptus, OpenNebula and Nimbus. Notre Dame, Indiana, USA.

[Sta11]statewatch. (05. Dezember 2011). *statewatch.org*. Abgerufen am 31. Dezember 2011 von http://statewatch.org/news/2011/dec/eu-com-draft-dp-reg-inter-service-consultation.pdf

[Tec10] Tecchannel. (04. November 2010). *www.Tecchannel.de*. Abgerufen am 22. Januar 2012 von http://www.tecchannel.de/sicherheit/news/2032233/google_laedt_hacker_zu_erwuenschten_sicherheitsangriffen_ein/

[Fab08] Thomas, F. (2008). *Das Virtualisierungs-Buch*. Böblingen: C & l Computer- U. Literaturverlag.

[Uni11] Universität Konstanz. (2011). *http://cms.uni-konstanz.de*. Abgerufen am 19. Dezember 2011 von http://cms.uni-konstanz.de/studis/faq-technische-hilfe/ungueltiges-sicherheitszertifikat/

[Ste11]Utzinger, S. (12. Oktober 2011). *Virtualisierungs Guide*. Abgerufen am 18. November 2011 von http://www.virtualisierungs-guide.de/Storage/Backup/tabid/298/articleType/ArticleView/articleId/14747/Advertorial-Snapshot-und-Backup-spielen-zusammen.aspx

[And11] Weiß, A. (22. November 2011). Vortrag SecTXL 2011 EuroCloud Deutschland. Frankfurt, Hessen, Deutschland.

[Wob03] Wobst, D. R. (08. August 2003). *Heise Security Online*. Abgerufen am 15. Oktober 2011 von http://www.heise.de/security/artikel/Harte-Nuesse-Verschluesselungsverfahren-und-ihre-Anwendungen-270266.html?view=print

[Zim09] Zimmer, D., Lüdemann, N., Weyergraf, T., Schäfer, C., & Wöhrmann, B. (2009). *IT-Administrator Sonderheft. Virtualisierung - Aufbau und Betrieb virtueller Infrastrukuren vom Rechenzentrum bis zum Client* . München: Heinemann Verlag.

9. Anlagenverzeichnis

Anlage A   Verschlüsselungsalgorithmen 10-CXXIV

Anlage B   Security as a Service 11-CXXVIII

Anlage C   Risikosituationen 12-CXXXI

Anlage D   Entwurf zur EU-Datenschutzverordnung 13-CXXXIV

10. Anlage A Verschlüsselungsalgorithmen

Die hier dargestellten Verschlüsselungsalgorithmen sollen helfen, einen Überblick zu gewinnen und die einzelnen Algorithmen einzuordnen. Die Tabelle 2 erhebt keinen Anspruch auf Vollständigkeit, da es viele kleine, wenig bis gar nicht im Einsatz befindliche Verschlüsselungsalgorithmen gibt. Die hier dargestellten Verschlüsselungsalgorithmen sind die, welche am verbreitetsten sind und werden standardmäßig bei der Verschlüsselung eingesetzt.

Tabelle 2 Verschlüsselungsalgorithmen[139]

Name	Art	Schlüssellänge	Geschwindigkeit	Sicherheit	Anwendung	Bemerkungen
Symmetrische Algorithmen						
One-Time-Pad	Zeichenweise	Klartextlänge	hoch	perfekt	nur in Sonderfällen	einziger beweisbar sicherer Algorithmus
Substitutionschiffre	Zeichenweise	theoretisch 88 Bit (=26!)	uninteressant	extrem niedrig	historisch, Denkaufgaben	bei Rätseln noch beliebt
Vigenère	Zeichenweise	variabel	hoch	sehr niedrig	historisch, vereinzelt noch heute	sehr leicht zu brechen
DES	Block	56 Bit	Hardware: hoch Software: niedrig	Angreifbar durch geringe Schlüssellänge	verbreitet, war 20 Jahre lang Standard	Schlüssellänge ist einziger praktisch ausnutzbarer Schwachpunkt

---

[139] Tabelle nach [Wob03]

3DES	Block	112 Bit	Hardware: hoch Software: sehr niedrig	Angreifbar mit hohem Aufwand	verbreitet	zu langsam in Software, veraltet
IDEA	Block	128 Bit	schneller als DES	sehr hoch	verbreitet	patentiert, auch in Europa
RC4	Strom	variabel	Software: hoch	bei richtiger Anwendung hoch, Angriffspunkte bekannt [10]	in vielen Produkten (SSL, Windows-Applikationen)	bei drahtloser Datenübertragung mit WEP sind effektive Angriffe möglich (schlechte Implementierung)
pkzip-Chiffrierung	Strom	variabel	Software: hoch	wurde gebrochen	in PKZIP	Eigenbau-Algorithmus", Crackprogramm in [3]
A5	Strom	64 Bit	Hardware: sehr hoch	wurde gebrochen	in allen GSM Handys	eine Sekunde Rechenzeit reicht zum Knacken [3]
Kasumi	Block	128 Bit	Hardware: hoch	kein Angriff bekannt	in allen UMTS-Handys	Anwendung als Stromchiffre [3]
RC5	Block	variabel	Software: hoch	praktisch sicher	in einigen Produkten	beruht auf neuem Prinzip variabler Rotation, US-

						Patent
RC5a	Block	variabel	Software: hoch	sicherer als RC5	eine Anwendung im Bankwesen	Verbesserung von RC5, vgl. [3], fällt auch unter RC5-Patent
RC6	Block	variabel	Software: hoch	kein Angriff bekannt	?	Weiterentwicklung von RC5, AES-Endkandidat [8], US-Patent
Blowfish	Block	variabel	Software: hoch	kein Angriff bekannt	verbreitet, u.a. in OpenSource-Software	frei verfügbar für jede Nutzung
Twofish	Block	variabel	Software und Hardware: hoch	kein Angriff bekannt, noch sicherer als Blowfish	?	frei verfügbar wie Blowfish, AES-Endkandidat
AES (Rijndael)	Block	128-256 Bit	Software und Hardware: sehr hoch	bisher nur theoretische Schwächen [7]	schon sehr verbreitet, Standardalgorithmus	Nachfolger von DES [8]
Asymmetrische Algorithmen						
RSA	-	oft 1024 oder 2048 Bit	sehr niedrig	bis heute sicher	wichtigstes Public-Key-Verfahren	basiert auf Problem der Faktorisierung (s.Text)

ElGamal	-	wie RSA	sehr niedrig	bis heute sicher	sehr verbreitet	basiert auf diskretem Logarithmus
Diffie-Hellmann	-	keine	sehr niedrig	bis heute sicher	sehr verbreitet (z.B. Ipsec, SSH)	wie ElGamal, einfach und robust, nur bei Interaktion

11. Anlage B Security as a Service

Die hier vorgestellte Security as a Service (SecaaS)-Lösung soll dem Zweck dienen, Cloud Computing in einer praktischen Lösung einzusetzen, ohne dabei große Bedenken im Rahmen der juristischen Grundlagen zu haben.

Des Weiteren kann an der vorgestellten SecaaS-Lösung der Firma Panda Security eine mögliche Sicherheitslösung, für Unternehmen zur Absicherung ihrer Endgeräte aufgezeigt werden.

Die Firma Panda Security wurde ausgewählt, da diese auf Anfrage gutes Informationsmaterial zur Verfügung gestellt hat und in einem persönlichen Gespräch Unklarheiten beseitigt wurden. Alternativ bietet z.B. McAffee auch eine SecaaS-Lösung an, auf die hier aber nicht eingegangen wird.

In Abbildung 40 wird eine schrittweise Funktion der SecaaS Lösung, die unter dem Namen collective intelligence läuft, abgebildet und nachstehend erläutert. Diese Erläuterung bezieht sich auf das Szenario, dass nach der Softwareinstallation eine Datei auf dem Kundencomputer gefunden wird, die nicht klassifiziert werden kann.

Schritt 1 umfasst die Installation des Clients auf dem Kundencomputer und den anschließenden Scan der Prozesse und des Speichers.

Schritt 2 bezieht sich auf den Fund einer Datei, die mit unbekannten Signaturen hinterlegt ist. Wenn eine solche Datei gefunden ist, wird diese markiert und vorläufig in das Quarantäneverzeichnis des Clients gelegt.

Schritt 3 macht von dieser Datei einen „Fingerabdruck", der zur SecaaS-Lösung in die Cloud gesendet wird, die diesen dann untersucht. Zur Reduzierung der benötigten Bandbreite wird hier nur der Fingerabdruck geschickt und nicht die ganze Datei.

Schritt 4 umfasst die Untersuchung der Datei mit der collective intelligence. Der Einsatz der Cloud-Technik erlaubt es in kurzer Zeit, größere Datenbanken mit Virensignaturen zu durchsuchen und die Datei zu klassifizieren. Während dieser Phase liegt die Datei noch im lokalen Quarantäneverzeichnis beim Client und kann nicht genutzt werden.

Schritt 5 sendet das Ergebnis zum Client und gibt dieses in Form einer Warnung bekannt. Dieses ganze Verfahren dauert maximal 5 Minuten und kommt nur bei neu entdeckten Schädlingen bzw. Fingerabdrücken, die der collective intelligence nicht bekannt sind, zum Einsatz.[140]

---

[140] Vgl.: [Pan11] S.2

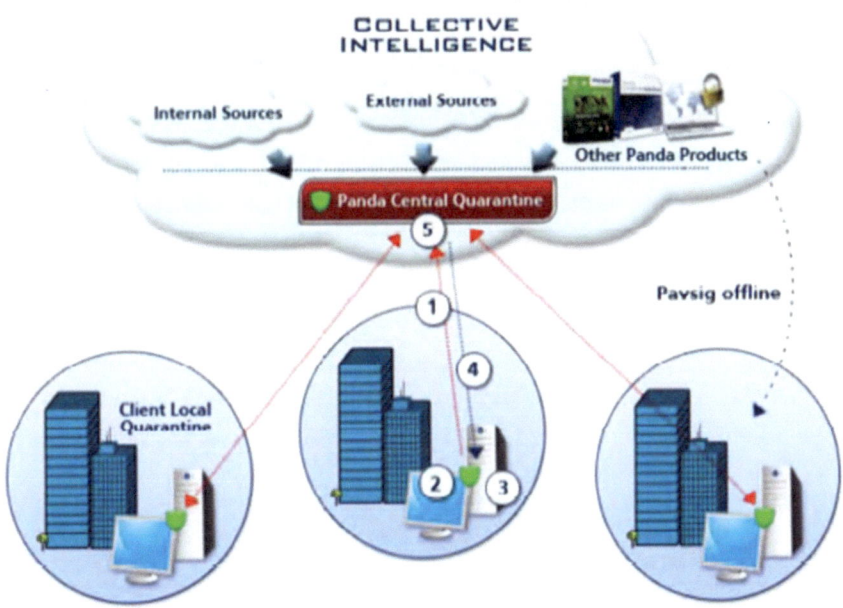

Abbildung 40 Collective Intelligence [141]

Der Vorteil dieser SecaaS Lösung ist bei der Performance als auch in der hohen Erkennungsrate.

Durch die extra klein gehaltene Virendefinition hat der Client eine geringe Last auf seinem System und jeglicher Scan wird in der Cloud durchgeführt.

Aufgrund der stetig steigenden Anzahl von Schadprogrammen und der damit verbundenen Ressourcenlast ist es konventionellen Virenprogrammen nicht möglich, alle jemals veröffentlichten Schadprogramme in ihren Virendefinitionen zu implementieren. Somit haben die klassischen Virenprogramme immer nur die neuesten Signaturen in ihrer Virendefinition und sind vor älteren Schädlingen nicht geschützt.

Mit der Cloud-Lösung liegt die Virendefinition in der Cloud und kann somit auf mehr Ressourcen zugreifen, die eine größere Virendefinition zulassen. Durch dieses Verfahren kann die Sicherheit gesteigert werden.

Des Weiteren senden alle Clients ihre Informationen über entdeckte Schadprogramme ständig direkt an die collective intelligence, diese stehen somit direkt allen anderen Clients zur Verfügung. Das steigert die Sicherheit im Vergleich zu den einmal täglich stattfindenden Updates klassischer Programme enorm.

---

[141] Abbildung nach [Pan11] S.2

Von Nachteil an diesem Konstrukt ist die nötige Onlineverbindung für die effektive Erkennung von Schadprogrammen. So kann z.B. während eines mobilen Einsatz kein Internet zur Verfügung stehen und der Client nutzt einen unsicheren USB-Stick mit einem neuen Schadprogramm. Dieser kann dann nicht direkt erkannt werden und ggf. das System infizieren.

Abschließend kann gesagt werden, dass der Einsatz einer SecaaS-Lösung sowohl im Unternehmensbereich als auch im privaten Bereich eine gute Alternative zu den klassischen Virenprogrammen ist. Vorteilhaft bei der Nutzung ist, dass keine persönlichen Daten oder Ähnliches verarbeitet wird und somit die juristischen Grundlagen in Bezug auf das BDSG keine Anwendung finden.

12. Anlage C Risikosituationen

Die in Tabelle 3 dargestellten Risikosituationen sind in [142] aufgeführt und sollen einen Überblick über mögliche Risikosituationen im Bereich des Cloud Computings geben. Die Situationen erheben keinen Anspruch auf Vollständigkeit.

Tabelle 3 Mögliche Risikosituationen[143]

R1	Die Verfügbarkeit der Internetanbindung, sowohl der eigenen, als auch der des Providers, ist ein Risiko für die Verfügbarkeit der Anwendung und somit der Geschäftsprozesse. Der Internetzugang ist daher mehr als nur ein Instrument zur Informationsgewinnung der Mitarbeiter.
R2	Stellt der Anbieter seinen Service ein, z. B. durch Insolvenz oder im Rahmen einer Fusion, besteht das Risiko, dass der Service dem Nutzer nicht mehr zur Verfügung steht. Dann müssen ein kurzfristiger Ersatz gefunden und die Daten schnell auf die neue Plattform migriert werden.
R3	Das Update eines Service auf einen nächsten Release-Stand kann in einer Multi-Mandanten-Umgebung zu unerwünschten Nebeneffekten in der eigenen Anwendung führen. Der Nutzer sollte hierbei eigentlich in die Test- und Freigabeprozesse aktiv eingebunden sein. Der Anbieter muss allerdings, um kosteneffizient zu arbeiten, möglichst einheitliche Services anbieten, sodass es normalerweise kein Mitspracherecht der Kunden hinsichtlich des Upgrade-Zeitpunkts gibt.
R4	Angriffe auf und über den Webbrowser des Mitarbeiters, der den Service nutzt (z. B. Cross-Site-Scripting), stellen ein zusätzliches Risiko für die Integrität und Vertraulichkeit der Daten dar.
R5	Werden seitens des Anbieters, z.B. für eine Fehlersuche, Protokolldaten herausgegeben, besteht das Risiko, dass in dem Protokoll auch Informationen von anderen Kunden (z. B. personenbezogene Daten) enthalten sind. Je nach Protokollierungseinstellung (Debug-Log) können hier kritische Daten irrtümlicherweise herausgegeben werden.
R6	Während des laufenden Vertrages kauft sich der Service-Provider IT-Kapazitäten (z. B. einen Datenbank-Service) von anderen Cloud-Anbietern ein, mit dem Ziel, die eigenen Kapazitäten zu erweitern. Hier besteht das Risiko, dass Daten zum Teil oder vollständig, zeitweise oder auf Dauer ins Ausland verlagert werden. Im konkreten Beispiel handelt es sich um einen beim zuständigen Finanzamt genehmigungspflichtigen Vorgang. Etwaige Verstöße können finanziell geahndet werden. Das Risiko für den Nutzer bleibt selbst dann bestehen, wenn er von seinem Dienstleister über den Vorgang informiert wird, selbst aber keine Eingriffsmöglichkeit hat, um den Transfer nachweislich

---

[142] Vgl.: [BIT10] S.97-99
[143] Tabelle nach: [BIT10] S.97-98

	zu unterbinden.
R7	Wird der Anbieter des Service von einer anderen (z. B. ausländischen) Unternehmung aufgekauft, kann es je nach Geschäftsgebaren dazu führen, dass die Daten in ein ausländisches Rechenzentrum verlagert werden. Dies ist auch der Fall, sofern der Cloud-Anbieter keine Garantie geben kann, dass sich die Daten exklusiv im Zugriff der deutschen Steuerbehörden (Staatsgebiet der Bundesrepublik) befinden.
R8	Dem Cloud Computing immanent ist der unbekannte bzw. nicht hinreichend zu identifizierende Standort der am Datentransfer beteiligten Server. Daher bestehen Unwägbarkeiten hinsichtlich der einzelnen involvierten Länder. Zur Vermeidung unberechtigter Zugriffe, die einen Verstoß gegen exportkontrollrechtliche Vorschriften bedeuten können, ist eine Identifizierung und Aussonderung von Daten (bzw. der diese speichernden Server), deren Transfer aufgrund exportkontrollrechtlicher Relevanz nicht zulässig ist, erforderlich.
R9	Weil der Service über das Internet erreichbar ist, besteht das Risiko, dass Mitarbeiter von nicht vertrauenswürdigen Endgeräten (z. B. Internet Café, Mobile Device) auf den Service zugreifen. Alle Informationen, die über solche Endgeräte laufen, können potenziell von Dritten mitgelesen werden. Im Fall von mobilen Endgeräten können diese Daten verloren gehen oder gestohlen werden.
R10	Bei der Migration der Buchhaltung auf ein neues System sind eine Schlussbilanz und eine Eröffnungsbilanz zu erstellen, die auch der Prüfung durch den Abschlussprüfer und ggf. der Finanzverwaltung unterliegt. Kann die Vollständigkeit und Korrektheit der übertragenen Daten nicht oder nur manuell verifiziert werden, entsteht ein Risiko hinsichtlich Vollständigkeit und Richtigkeit sowohl für den Jahresabschluss des Nutzers, als auch hinsichtlich der Besteuerungsgrundlagen.

Abbildung 41 zeigt eine grafische Einordung der einzelnen Risikosituationen und erleichtert damit den Überblick.

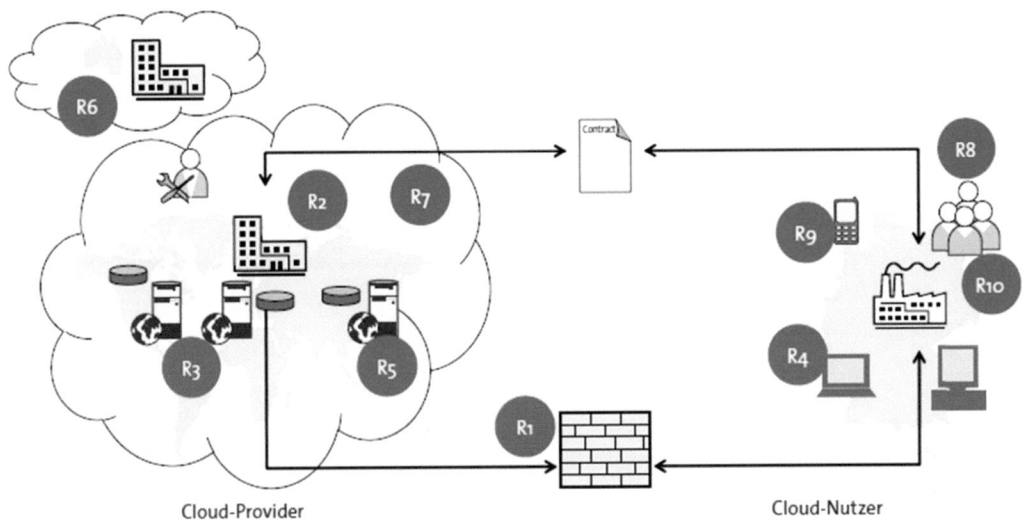

Abbildung 41 Einordnung der Risikosituationen[144]

---

[144] Abbildung nach [BIT10] S.99

13. Anlage D Entwurf zur EU-Datenschutzverordnung

Der Entwurf zur EU-Datenschutzverordnung ist kurzfristig am 29.11.2011 im Internet erschienen, obwohl seine Veröffentlichung erst für den 25.01.2012 geplant war. Durch die vorzeitige Veröffentlichung des Entwurfes kann es bis zur offiziellen Veröffentlichung noch zu Änderungen kommen. Zur besseren Verständigung wird in dieser Anlage der Entwurf als Verordnung angesprochen in der Annahme, dass der Entwurf in eine Verordnung umgesetzt wird.

Die Verordnung hat das Ziel, die aktuell gültige EU-Datenschutzrichtlinie 95/46/EG, die in Kapitel 5.3 dargestellt wurde, abzulösen und somit ein einheitliches Datenschutzniveau in allen EU-Ländern zu schaffen. Auf Basis der Version 56 des Entwurfes, die vorab im Internet unter [145] erschienen ist, werden in dieser Anlage die wesentlichen Neuerungen mit Bezug auf diese Arbeit, aufgezeigt.

Der Erwägungsgrund 13 definiert das Anwendungsgebiet der Verordnung und die Definition von personenbezogenen europäischen Daten. Das erlaubt eine strenge Anwendung der Verordnung. Die Definition besagt sinngemäß: dass jede Tätigkeit in Verbindung mit der Verarbeitung von personenbezogenen Daten von europäischen Bürgern an diese Verordnung gebunden ist. Durch diese Möglichkeit bietet diese Verordnung eine verbesserte Bürgernähe. So haben sich z.B. CSPs mit Sitz außerhalb der EU zwingend an europäisches Recht zu halten, wenn diese mit personenbezogenen Daten von EU-Bürgern arbeiten. Mithilfe dieser Definition wird der Cloud-Kunde gestärkt und kann somit das Datenschutzniveau aus rechtlicher Perspektive anheben.

Durch die Schwierigkeit, die Verordnung an einzelne Technologien zu binden, ist im Erwägungsgrund 17 des Entwurfes die Technologieneutralität definiert. Durch die Technologieneutralität wird keine Unterscheidung zwischen manueller und elektronischer Datenverarbeitung durchgeführt. Die Technologieneutralität hat den Vorteil, dass bei der Einführung einer neuen Technik die Verordnung demnach Anwendung findet und somit nicht für jede neue Technologie eine eigene Verordnung zu verabschieden ist.

Keine Anwendung findet diese Verordnung im Bereich der Polizei und der Justiz. Für diese Bereiche wird jeweils eine separate Richtlinie erstellt. Festgelegt ist dieses im Erwägungsgrund 20 der Verordnung.

Eine wesentliche Änderung im Vergleich zur derzeit gültigen EU-Richtlinie sind die Vorgaben zur Einwilligung des Betroffenen. Artikel 7 besagt diesbezüglich sinngemäß, dass eine Einwilligung nicht als rechtliche Grundlage genommen werden kann wenn ein signifikantes Ungleichgewicht in der Abhängigkeit zwischen Betroffenen und Verarbeiter existiert. Dies bezieht sich z.B. auf das Verhältnis zwischen Arbeitnehmer und Arbeitgeber.

Des Weiteren wird in Artikel 9 die Anforderung an die Einwilligung genauer erläutert. Dieser besagt, dass die Einwilligung in klarer und einfacher Sprache zu verfassen ist. Dies soll ver-

---

[145] Vgl.: [Sta11]

hindern, dass in einem langen undurchsichtigen Schriftwerk wesentliche Informationen verschleiert werden.

Für das Cloud Computing ist der Artikel 16 der Verordnung ein sehr interessanter Punkt. Dieser regelt, dass der Betroffene das Recht hat, seine Daten in einer weitverbreiteten Form, elektronisch oder strukturiert, anfordern zu können. Wie diese Form aussehen kann ist nicht weiter dargestellt und soll von der EU-Kommission in einem nächsten Schritt erarbeitet werden. Für das Cloud Computing bedeutet dies, dass die CSPs dem Kunden die Möglichkeit zu geben haben, problemlos einen Anbieterwechsel zu vollziehen und hierbei seine Daten mitnehmen zu kann.

Ein wichtiger Punkt zum Schutz von Betroffenen regelt der Artikel 18. Er besagt, dass jede natürliche Person das Recht hat, nicht Gegenstand einer Profiling-Maßnahme zu werden. Das soll vor allem den normalen Bürger davor schützen, dass z.B. Profile über das Verhalten des Betroffenen ohne seine Zustimmung erstellt werden.

Ein sehr wichtiger Punkt in der Verordnung ist die Verarbeitung von personenbezogenen Daten außerhalb der EU. Hiermit befassen sich im Schwerpunkt die Artikel 37-42, welche die Möglichkeiten aufzeigen, unter welchen Bedingungen eine Verarbeitung von personenbezogenen Daten außerhalb der EU möglich ist. Hierbei handelt es sich zum einen um die Möglichkeit einer Prüfung der EU-Kommission bezüglich des Datenschutzstandards des betreffenden Landes sowie die Möglichkeit über die in Kapitel 5.4 dargestellten Standardvertragsklauseln oder Binding Corporate Rules.

Artikel 42 bezieht sich bei der außereuropäischen Datenverarbeitung auf den Datenzugriff zur Strafverfolgung durch die Justiz. Dieses ist ohne Zustimmung der zuständigen Datenschutzbehörde der EU nicht möglich. Dieser Artikel zielt speziell auf den Patriot Act der amerikanischen Regierung und ähnliche Zugriffsermächtigungen außereuropäischer Staaten ab und soll deren Durchführung ohne Wissen der EU unterbinden

Eine weitere wichtige Änderung in der Verordnung enthält der Artikel 79 mit der Neuregelung der Strafen gegenüber Verstößen gegen die Verordnung. Die Strafen haben eine Spannweite von 100€ bei kleinen Verstößen und gehen bis zu 1 Million € bzw. 5% des weltweiten Unternehmensumsatzes bei schweren Verstößen und sind im Artikel 79 aufgelistet. Ziel dieser Strafen soll sein, dass der finanzielle Vorteil, der durch den Verstoß erwirtschaftet wurde, überstiegen wird und somit eine effektivere Durchsetzung der Datenschutz-Compliance erreicht wird.

Die hier dargestellten Erwägungsgründe sind in der Verordnung von [146] dargestellt und in Verbindung mit [147] erläutert worden.

Als Fazit des Entwurfes kann gesagt werden, dass dieser in seiner jetzigen Form eine gute Grundlage für einen hohen Datenschutzstandard innerhalb der EU ist. In Bezug auf das Cloud

---

[146] Vgl.: [Sta11]
[147] Vgl.: [Hei111]

Computing werden die juristischen Grundlagen übersichtlicher und bieten dadurch eine Möglichkeit zur besseren Nutzung des Cloud Computings.

Nachteilig ist bei dem Entwurf, dass eine Modernisierung des nationalen Datenschutzrechtes wahrscheinlich erst stattfindet wird, wenn die EU-Verordnung erlassen ist. Durch die Veröffentlichung des Entwurfes, werden wahrscheinlich die deutschen Politiker nicht mehr das BDSG modernisieren, weil dieses lange dauert und wahrscheinlich zu einem ähnlichen Zeitpunkt veröffentlicht würde wie die EU-Verordnung.

Zu beachten ist dabei, dass dieser Entwurf noch verändert werden wird. Aufgrund der nutzerfreundlichen Umsetzung des Entwurfes, ist noch damit zu rechnen, dass Länder die ein geringeres Datenschutzniveau haben, sich gegen den Entwurf wehren werden. Des Weiteren werden Lobbyisten, z.B. von großen internationalen Internetfirmen mit Sitz außerhalb der EU wie z.B. Google, versuchen, die EU-Verordnung aufzuweichen, um ihre Interessen zu wahren.